Contents

		Page
1	Letter strings	2
2	Nouns	4
3	Spelling rules	6
4	Subjects and verbs	8
5	Prefixes	10
6	Sentence experiments	12
7	Common expressions	14
8	Tricky words	16
9	Double negatives	18
10	Common word endings	20
11	Speech	22
12	Homophones	24
13	Sentences and phrases	26
14	Apostrophes	28
15	Suffixes	30
	Spell check	32
	Beyond the book	inside-back cover

Letter strings

Ready — read this

Many words contain the **same letter strings** – but they may be **pronounced differently**.

> M**ove** my gl**ove**s **ove**r here.

Steady — practise this

1 Underline the common letter string in each set.

Write the word which is pronounced differently here.

a	n__ear__	w__ear__	h__ear__	d__ear__ ┈┈▶	wear
b	shoot	boot	root	foot	
c	cork	fork	work	pork	
d	thwart	cart	part	chart	
e	hut	cut	put	but	
f	chose	rose	close	lose	
g	hull	full	pull	bull	
h	enough	tough	cough	rough	
i	moth	both	broth	cloth	
j	maid	paid	said	laid	
k	power	shower	lower	flower	
l	hall	ball	shall	call	
m	hand	wand	band	stand	

ANSWERS: 1 (a) ear – wear; (b) oot – foot; (c) ork – work; (d) art – thwart; (e) ut – put; (f) ose – lose; (g) ull – hull; (h) ough – cough; (i) oth – both; (j) aid – said; (k) ower – lower; (l) all – shall; (m) and – wand

2

Letter strings

 **test yourself**

Join up the pairs of words containing the same letter strings.

Say the words and listen to the different sounds of the letter strings.

1	gone	bead
2	height	though
3	bread	bone
4	comb	neat
5	sweat	weight
6	fruit	couch
7	through	bomb
8	touch	engine
9	paddle	biscuit
10	shine	waddle

Colour a star ★ for each answer you get right.

 **your challenge**

★ Can you read each of these *ough* words? Each word is pronounced differently.

plough   through   although   bought   enough   drought   cough

★ Do you know how to use each word?

ANSWERS: (1) gone – bone; (2) height – weight; (3) bread – bead; (4) comb – bomb; (5) sweat – neat; (6) fruit – biscuit; (7) through – though; (8) touch – couch; (9) paddle – waddle; (10) shine – engine

Nouns

Concrete nouns are the names of real things you can touch, taste, see, hear or smell.

Abstract nouns are nouns that represent thoughts, ideas and feelings. You cannot touch, taste, see, hear or smell these things.

The beggar suffered great poverty.

This is a **concrete** noun.   This is an **abstract** noun.

Steady practise this

1 Circle the concrete nouns in these sentences. Underline the abstract nouns.

a The giant had enormous strength.

b The explorer showed great bravery.

c The girl had a look of tenderness in her eyes.

d Emily stared at the monster in astonishment.

e The thief caused misery to many people.

f The old lady felt great loneliness.

2 Write the verb from which each of these abstract nouns comes.

a attraction — attract
b judgment —
c approval —
d hatred —
e division —
f punishment —
g pleasure —
h obedience —
i existence —

ANSWERS: 1 (a) giant, strength; (b) explorer, bravery; (c) girl, look, tenderness eyes; (d) Emily, monster, astonishment; (e) thief, misery, people; (f) lady, loneliness 2 (a) attract; (b) judge; (c) approve; (d) hate; (e) divide; (f) punish; (g) please; (h) obey; (i) exist

Nouns

Go test yourself

Decide whether each noun is a concrete noun or an abstract noun and put a ✔ in the correct flower.

		concrete noun	abstract noun
1	bread	🌼	🌸
2	honesty	🌼	🌸
3	car	🌼	🌸
4	pencil	🌼	🌸
5	kindness	🌼	🌸
6	wonder	🌼	🌸
7	floor	🌼	🌸
8	amazement	🌼	🌸
9	beauty	🌼	🌸
10	mouse	🌼	🌸

Colour a star ⭐ for each answer you get right.

Zoom your challenge

Work out the abstract noun that is linked to each adjective below.

| colourful | hot | beautiful | dark |
| romantic | glad | powerful | honest |

Sometimes the noun may be longer, e.g. sick → sickness.
Sometimes the noun may be shorter, e.g. faithful → faith.

ANSWERS: (1) concrete; (2) abstract; (3) concrete; (4) concrete; (5) abstract; (6) abstract; (7) concrete; (8) abstract; (9) abstract; (10) concrete

Spelling rules

 Learning some **spelling rules** can help you spell better.

icy — village

When **c** is followed by **e**, **i** or **y**, it often sounds like an **s**. This **c** is called a **soft c**.

When **g** is followed by **e**, **i** or **y**, it often sounds like a **j**. This **g** is called a **soft g**.

 Match each word with its definition. Underline the soft **c** or **g** in each word.

city	gentle	giant	centre	gem	cell
gym	circle	angel	genius	magic
century	circus	stranger	certain	legend

a _____ the middle
b _____ a precious stone
c _____ a round shape
d _____ sure
e _____ a large town
f _____ a hundred years
g _____ a travelling show
h _____ a mythical story

i _____ the opposite of rough
j _____ a messenger of God
k _____ a very large person
l _____ a very intelligent person
m _____ a room in a prison
n _____ clever tricks and illusions
o _____ someone you don't know
p _____ short for gymnasium

ANSWERS: (a) centre; (b) gem; (c) circle; (d) certain; (e) city; (f) century; (g) circus; (h) legend; (i) gentle; (j) angel; (k) giant; (l) genius; (m) cell; (n) magic; (o) stranger; (p) gym

Spelling rules

Go test yourself

Complete each word with either **ace**, **ice** or **age**.

1. vill___
2. pol___
3. gr___
4. off___
5. gar___
6. tw___
7. br___
8. post___
9. im___
10. pal___

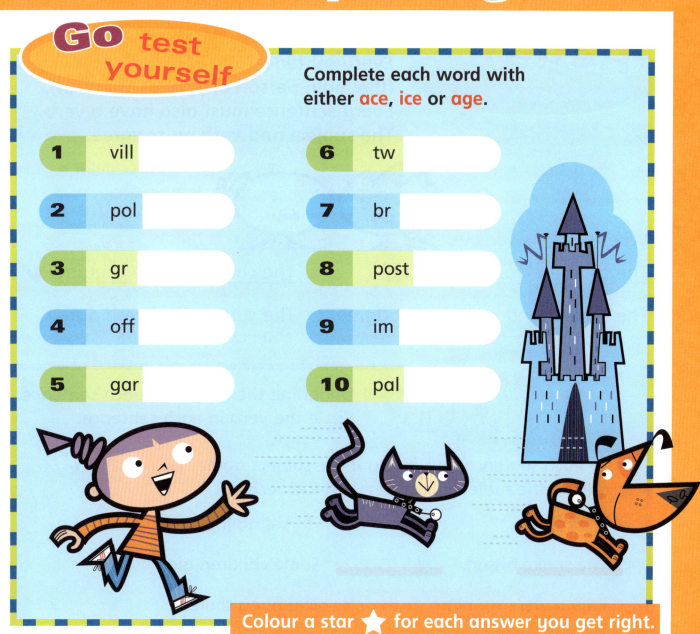

Colour a star ★ for each answer you get right.

Zoom your challenge

★ Look carefully at each of these tricky **soft c** and **soft g** words one at a time and then try to write the word without copying. See how many you can get right.

noticeable   courageous   traceable
changeable   manageable   advantageous   serviceable
chargeable   enforceable   outrageous

ANSWERS: (1) village; (2) police; (3) grace; (4) office; (5) garage; (6) twice; (7) brace; (8) postage; (9) image; (10) palace

Subjects and verbs

Every sentence must have a **subject** (the main person or thing it is about). Every sentence must also have a **verb**. The subject and verb must **agree**.

The children was arguing. ✗   The children were arguing. ✓

The subject and verb **do not agree**.   The subject and verb **agree**.

1 Underline the subject in each sentence. Circle the verb in each sentence.

After each sentence, put an (**A**) if the subject agrees with the verb or a (**D**) if the subject disagrees with the verb.

- **a** A bird sings. (A)
- **b** The snake hissed.
- **c** Emma were running.
- **d** A duck quack.
- **e** Telephones rings.
- **f** Horses gallops.
- **g** Some children giggles.
- **h** The baby smiled.
- **i** All cows moo.
- **j** My dad snores.

2 Choose **was** or **were** to complete each sentence.

- **a** It _____ a lovely day.
- **b** He _____ asleep.
- **c** _____ they working hard?
- **d** They _____ singing.
- **e** We _____ going out.
- **f** _____ it too hot?

ANSWERS: 1 (a) A bird sings – A; (b) The snake hissed – A; (c) Emma were running – D; (d) A duck quack – D; (e) Telephones rings – D; (f) Horses gallops – D; (g) Some children giggles – D; (h) The baby smiled – A; (i) All cows moo – A; (j) My dad snores – A 2 (a) was; (b) was; (c) Were; (d) were; (e) were; (f) Was

8

Subjects and verbs

Go test yourself

Choose the correct form of the verb to complete each sentence.

1. The children _____ (swim/swims) in the sea.
2. I _____ (sees/saw) a scary film last night.
3. We _____ (has/have) been playing tennis.
4. Our teacher _____ (give/gave) us a spelling test.
5. My uncle _____ (go/goes) away each weekend.
6. I _____ (did/done) my homework last night.
7. They _____ (has/have) lots of books at the library.
8. When I was late I _____ (ran/run) to school.
9. _____ (Was/Were) either of you right?
10. None of the kittens _____ (was/were) asleep.

Colour a star ★ for each answer you get right.

Zoom your challenge

Practise identifying the subjects and verbs in sentences from one of your reading books.

ANSWERS: (1) swim; (2) saw; (3) have; (4) gave; (5) goes; (6) did; (7) have; (8) ran; (9) Were; (10) were

Prefixes

Ready — read this

A **prefix** is a **group of letters** that goes **in front** of a word. Prefixes often **change the meaning** of the word.

uni + cycle = unicycle
(uni means 'one')

bi + cycle = bicycle
(bi means 'two')

tri + cycle = tricycle
(tri means 'three')

Steady — practise this

	Add the prefix to the word.		Write the word.	Match up the meaning.
a	mid	day	midday	to fix in front
b	re	play		half a circle
c	pre	fix		middle of the day
d	centi	metre		not legal
e	semi	circle		to play again
f	il	legal		a hundredth of a metre
g	sub	way		no sense
h	mis	spell		a way or path underground
i	non	sense		to spell incorrectly
j	super	market		a huge market or shop

ANSWERS: (a) midday – middle of the day; (b) replay – to play again; (c) prefix – to fix in front; (d) centimetre – a hundredth of a metre; (e) semicircle – half a circle; (f) illegal – not legal; (g) subway – a way or path underground; (h) misspell – to spell incorrectly; (i) nonsense – no sense; (j) supermarket – a huge market or shop

Prefixes

Go test yourself

Choose the correct prefix to begin each word.

1. ____ phone (tele/anti)
2. ____ doors (sub/in)
3. ____ face (centi/sur)
4. ____ approve (dis/un)
5. ____ mature (un/im)
6. ____ wards (ex/after)
7. ____ do (in/out)
8. ____ septic (anti/tele)
9. ____ hero (uni/super)
10. ____ ply (tri/multi)

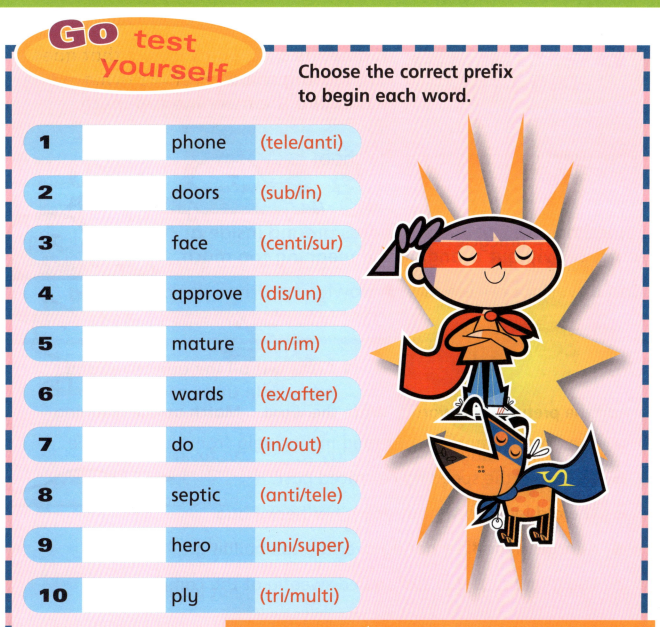

Colour a star ★ for each answer you get right.

Zoom your challenge

★ How many words can you find beginning with these prefixes?

Use a dictionary.

em-	fore-	hyper-	mid-	over-	pro-	semi-

ANSWERS: (1) telephone; (2) indoors; (3) surface; (4) disapprove; (5) immature; (6) afterwards; (7) outdo; (8) antiseptic; (9) superhero; (10) multiply

Sentence experiments

Sometimes, we can shorten sentences by leaving some words out without changing the meaning too much.

The ~~green~~ car stopped by the shop

Sometimes we can change words around inside a sentence without changing the meaning too much.

The driver got out slowly. → Slowly, the driver got out.

1 Cross out all the adjectives and adverbs in these sentences.

a The horrible monster emerged menacingly from the dark cave.

b Suddenly, the speeding car raced past.

c The old lady slowly put down her heavy bag.

d A large plane flew noisily over the tall building.

e The glamorous film star smiled sweetly at the camera.

2 Underline the adverb in each sentence. Rewrite each sentence and begin it with the adverb.

a The man sat down <u>wearily</u>.   Wearily, the man sat down.

b Anna wrote in her book neatly.

c The children crept out quietly.

d I read the question slowly.

e The snake appeared suddenly.

ANSWERS: 1 (a) The horrible monster emerged menacingly from the dark cave. (b) Suddenly, the speeding car raced past. (c) The old lady slowly put down her heavy bag. (d) A large plane flew noisily over the tall building. (e) The glamorous film star smiled sweetly at the camera. 2 (a) Wearily, the man sat down. (b) Neatly, Anna wrote in her book. (c) Quietly, the children crept out. (d) Slowly, I read the question. (e) Suddenly, the snake appeared.

Sentence experiments

Rearrange the words to make sensible sentences.

1 The kicked ball boy the.
2 The cake a baked lady.
3 The the chased mouse cat.
4 A tree the climbed squirrel.
5 A the girl bridge crossed.
6 Mowed the grass the man.
7 Crown the wore a king.
8 Its dog the tail wagged.
9 The pram was in the baby.
10 Have trees some leaves.

Colour a star ★ for each answer you get right.

Read some sentences from a book.

- Try leaving out the verbs. Do the sentences still make sense?
- Try leaving out the nouns. Do the sentences still make sense?
- Try leaving out the prepositions. Do the sentences still make sense?

ANSWERS: (1) The boy kicked the ball. (2) The lady baked a cake. (3) The cat chased the mouse. (4) The squirrel climbed a tree. (5) A girl crossed the bridge. (6) The man mowed the grass. (7) The king wore a crown. (8) The dog wagged its tail. (9) The baby was in the pram. (10) Some trees have leaves.

Common expressions

We use many **common expressions** in our language. Sometimes, they do not really mean what they say!

It's raining cats and dogs!

This really means 'It's pouring hard with rain'.

1 Match up each common expression with what it really means.

a	to have a bee in your bonnet	to face difficulties boldly
b	to let the cat out of the bag	to refuse to take sides in a row
c	to take the bull by the horns	to be fixated on one idea
d	to be under a cloud	to be a spoilsport
e	to sit on the fence	to give away a secret
f	to be sent to Coventry	to be under suspicion
g	to be a wet blanket	to take punishment without complaint
h	to hang your head	to be ashamed of yourself
i	to pull up your socks	to be ignored completely
j	to face the music	to do better

ANSWERS: 1 (a) to be fixated on one idea; (b) to give away a secret; (c) to face difficulties boldly; (d) to be under suspicion; (e) to refuse to take sides in a row; (f) to be ignored completely; (g) to be a spoilsport; (h) to be ashamed of yourself; (i) to do better; (j) to take punishment without complaint

Common expressions

Go test yourself

Choose the correct word to complete each common expression.

1. to bury the _____ (hatchet/mallet)
2. to hit below the _____ (head/belt)
3. to smell a _____ (rat/cat)
4. to blow your own _____ (balloon/trumpet)
5. to get into hot _____ (water/oil)
6. to pay through the _____ (window/nose)
7. to turn over a new _____ (loaf/leaf)
8. to live from hand to _____ (mouth/foot)
9. to feather your own _____ (pillow/nest)
10. to be kept in the _____ (dark/cupboard)

Colour a star ★ for each answer you get right.

Zoom your challenge

★ In English, there are many common expressions which consist of pairs of words that go together. Here are a few to get you going.

rough and tumble
far and wide
short and sweet
fair and square

Can you think of any others?

ANSWERS: (1) hatchet; (2) belt; (3) rat; (4) trumpet; (5) water; (6) nose; (7) leaf; (8) mouth; (9) nest; (10) dark

Tricky words

Ready — read this

When you add the suffixes **ing**, **ed**, **er** or **y** to the end of a single-syllable word ending in a **consonant + e**, you have to drop the **e** first.

skate: skating skated skater
ice: icy

Steady — practise this

1 Complete this chart.

		+ ing	+ed	+er
a	bake	baking	baked	baker
b	save			
c	smile			
d	dine			
e	joke			
f	vote			
g	rule			

2 Add the suffix **y** to each noun to change it into an adjective.

a scare + y = scary
b slime + y =
c noise + y =
d ease + y =
e stone + y =
f shade + y =
g stripe + y =
h scale + y =

ANSWERS: 1 (a) baking baked baker; (b) saving saved saver; (c) smiling smiled smiler; (d) dining dined diner; (e) joking joked joker; (f) voting voted voter; (g) ruling ruled ruler 2 (a) scary; (b) slimy; (c) noisy; (d) easy; (e) stony; (f) shady; (g) stripy; (h) scaly

16

Tricky words

 **Go test yourself**

Tick the words that are spelt correctly.
Put a cross for the words that are wrong.

1	hopeing		6	icey	
2	easy		7	rideing 	
3	glidr		8	joked	
4	writing		9	slimy	
5	scarey 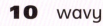		10	wavy	

Colour a star ⭐ for each answer you get right.

Zoom your challenge

Rules don't always work!

★ When we add the suffixes **ful** and **ly** to single-syllable words ending with a **consonant + e**, we do not drop the **e** (as in 'graceful' and 'wisely')!

★ Which of the words in the box take the suffix **ful**? Which take **ly**?

| use | wise | brave | hate | hope | shame | peace | late | care | sure | square | rude |

ANSWERS: (1) wrong; (2) right; (3) wrong; (4) right; (5) wrong; (6) wrong; (7) wrong; (8) right; (9) right; (10) right

Double negatives

Ready — read this

Negative means no. The most common ways of expressing a negative are by using the words **no** or **not** (or **n't** as in 'didn't').

It is **incorrect** to write sentences that contain a **double negative**.

I did**n't** touch **no**thing.
contains a double negative

I did**n't** touch anything.
contains a single negative

Steady — practise this

1 Match up each incorrect sentence with its correct form.

a There isn't no point in trying.   He wasn't anywhere near me.
b I don't want no cabbage.   I don't like any sports.
c He wasn't nowhere near me.   There isn't any point in trying.
d I don't like no sports.   A snake hasn't got any legs.
e A snake hasn't got no legs.   I don't want any cabbage.

2 Rewrite each sentence correctly.

a I couldn't find my tie nowhere.

b I never went nowhere last night.

c We haven't got no money.

d She doesn't go to school no more.

e I'm not never going there again.

ANSWERS: 1 (a) There isn't any point in trying. (b) I don't want any cabbage. (c) He wasn't anywhere near me. (d) I don't like any sports. (e) A snake hasn't got any legs. 2 (a) I couldn't find my tie anywhere. (b) I didn't go anywhere last night. (c) We haven't got any money. (d) She doesn't go to school any more. (e) I'm never going there again.

18

Double negatives

Go test yourself

Tick the sentences which are correctly written. Put a cross by the sentences which contain double negatives.

1. I haven't got no football boots.
2. That is not right.
3. I didn't go nowhere nice.
4. The girl didn't say nothing.
5. I never saw nobody.
6. He didn't do nothing.
7. We don't want no pudding.
8. I'm never going to that shop again.
9. The children did not take no notice.
10. He couldn't see his mother anywhere.

Colour a star ★ for each answer you get right.

Zoom your challenge

★ Play the 'yes/no' game with someone.

Yes or no?

Ask a partner as many questions as quickly as possible in a minute.

Your partner has to answer them immediately, without ever using the words 'yes' or 'no'.

It is surprisingly difficult! Try it and see!

ANSWERS: (1) wrong; (2) right; (3) wrong; (4) wrong; (5) wrong; (6) wrong; (7) wrong; (8) right; (9) wrong; (10) right

Common word endings

It is helpful to look out for **common word endings** in groups of words.

collec**tion**   explo**sion**   fashion**able**   horr**ible**

1 Join up each **tion** and **sion** noun with the verb from which it comes.

a direction	act
b creation	direct
c action	educate
d education	protect
e protection	create

f invasion	confuse
g confusion	divide
h decision	televise
i television	decide
j division	invade

2 Choose **able** or **ible** to complete each word.

Use a dictionary if necessary.

comfort ___	terr ___	ed ___	fashion ___
miser ___	leg ___	valu ___	vis ___
reli ___	incred ___	respons ___	sens ___
remark ___	reason ___	suit ___	revers ___
cap ___	poss ___	favour ___	aud ___

ANSWERS: 1 (a) direct; (b) create; (c) act; (d) educate; (e) protect; (f) invade; (g) confuse; (h) decide; (i) televise; (j) divide 2 comfortable, terrible, edible, fashionable, miserable, legible, valuable, visible, reliable, incredible, responsible, sensible, remarkable, reasonable, suitable, reversible, capable, possible, favourable, audible

20

Common word endings

Go test yourself

Complete each word with either **tion**, **sion**, **able** or **ible**.

1. comfort____
2. confu____
3. reserva____
4. poss____
5. terr____
6. revi____
7. competi____
8. reason____
9. divi____
10. invis____

Colour a star ★ for each answer you get right.

Zoom your challenge

How many words can you think of with these common endings:

-or	-ment	-ive

ANSWERS: (1) comfortable; (2) confusion; (3) reservation; (4) possible; (5) terrible; (6) revision; (7) competition; (8) reasonable; (9) division; (10) invisible

21

Speech

We can write speech in two ways – as **direct** or **reported** speech.

The gardener said, 'I love flowers.'

The gardener said that she loved flowers.

This is written in **direct speech**. The exact words spoken are inside speech marks.

We use **reported speech** when we report what someone says. We do not use the exact words spoken or speech marks. The tense of the verb has also changed.

Steady — practise this

1 Change each sentence from direct speech into reported speech.

a 'What is wrong, Sam?' the teacher asked.

The teacher asked Sam what was wrong.

b 'My soup is cold,' the man complained.

c 'I can't do it!' Cherie exclaimed.

d 'Where do you live?' the lady asked William.

e 'I would like an apple,' Emma said.

f 'Help!' shouted the drowning man.

g 'I have a bad back,' the man told the doctor.

ANSWERS: 1 (a) The teacher asked Sam what was wrong. (b) The man complained that his soup was cold. (c) Cherie exclaimed that she couldn't do it. (d) The lady asked William where he lived. (e) Emma said that she would like an apple. (f) The drowning man shouted for help. (g) The man told the doctor that he had a bad back.

22

Speech

Go test yourself

After each sentence, put a (D) if it's written in direct speech or an (R) if it's written in reported speech.

1 Paul said that he watched television last night.
2 'What have you found?' asked Joanne.
3 Tom said that the path was very muddy.
4 Ben asked if he could go home early.
5 The doctor said, 'You've got the measles.'
6 Joanne asked her mum what she could eat.
7 The policewoman shouted at the man to stop.
8 'I'm going out,' Ali muttered.
9 'It's not fair!' Charlotte shouted.
10 Ben shrieked, 'It's a ghost!'

Colour a star ★ for each answer you get right.

Zoom your challenge

★ Newspapers often contain lots of examples of both direct and reported speech. Look through a newspaper and find ten examples of each.

ANSWERS: (1) R; (2) D; (3) R; (4) R; (5) D; (6) R; (7) R; (8) D; (9) D; (10) D

Homophones

Ready — read this

Homophones are words that **sound the same** but have **different meanings**.

(In Greek, 'homo' means 'the same' and 'phone' means 'sound')

sale

sail

Steady — practise this

1 Choose the correct word to complete each sentence.

a I ate the _____ (hole/whole) cake.

b We walked across the golf _____ (coarse/course).

c The girl had to _____ (wait/weight) for her dinner.

d The sick patient gave a _____ (groan/grown).

e I cut another _____ (peace/piece) of bread.

f You have to _____ (peal/peel) an apple.

2 Choose the correct word to fill each gap.

a (aloud/allowed) We are not _____ to talk _____ in the library.

b (maid/made) The _____ _____ some coffee.

c (sent/scent) I _____ my aunt some nice _____.

d (stair/stare) I saw him _____ at the man on the _____.

e (wood/would) I _____ like to walk through the _____.

ANSWERS: 1 (a) whole; (b) course; (c) wait; (d) groan; (e) piece; (f) peel
2 (a) allowed, aloud; (b) maid, made; (c) sent, scent; (d) stare, stair; (e) would, wood

Homophones

Go test yourself

Match up the pairs of homophones.

1	steel	eight
2	ate	knows
3	rode	fur
4	nose	road
5	fir	bear
6	bare	steal
7	plane	waist
8	waste	cereal
9	serial	plain
10	hare	hair

Colour a star ★ for each answer you get right.

Zoom your challenge

Do you know the different meanings in each of these pairs of homophones?

air/heir	bare/bear	currant/current	loan/lone
desert/dessert	pail/pale	read/reed	root/route

ANSWERS: (1) steal; (2) eight; (3) road; (4) knows; (5) fur; (6) bear; (7) plain; (8) waist; (9) cereal; (10) hair

25

Sentences and phrases

Ready — read this

The family ate their picnic by the canal. | by the canal

This is a **sentence**. It contains a **verb**. It **makes sense** on its own.

This is a **phrase**. It does **not** contain a **verb**. It does **not make sense** on its own. Phrases are usually shorter than sentences.

Steady — practise this

1 Choose a suitable phrase to complete each sentence.

through the streets   *in my best writing*   *freshly-baked*
a brick wall   *like a fish*   *the fat duck*   *colourful fish*
your old trainers   *during the autumn*   *from another planet*

a The sea was teeming with _____.
b The car crashed into _____.
c The _____ bread smelled lovely.
d The band marched _____.
e You can wear _____.
f _____ some trees lose their leaves.
g Sam can swim _____.
h I wrote the letter _____.
i _____ waddled along the path.
j The aliens _____ landed their spacecraft.

ANSWERS: 1 (a) colourful fish; (b) a brick wall; (c) freshly-baked; (d) through the streets; (e) your old trainers; (f) During the autumn; (g) like a fish; (h) in my best writing; (i) The fat duck; (j) from another planet

Sentences and phrases

Go test yourself

Put a tick in the correct flower to show if it's a sentence or if it's a phrase.

		sentence	phrase
1	The fat caterpillar ate the leaf.		
2	Snails live in shells.		
3	small ducks		
4	A spider spins a web.		
5	with a broken pencil		
6	like a fish		
7	Ants live underground.		
8	fit as a fiddle		
9	all rusty and dirty		
10	The children skated on thin ice.		

Colour a star ★ for each answer you get right.

Zoom your challenge

★ Here are some interesting phrases. Make up some sentences of your own that include these phrases.

in its cage
because of the fog
in the attic
like flying mice

starry night
prickly spine
ugly beast
at the bottom of the sea

ANSWERS: (1) sentence; (2) sentence; (3) phrase; (4) sentence; (5) phrase; (6) phrase; (7) sentence; (8) phrase; (9) phrase; (10) sentence.

Apostrophes

Ready read this

We use an **apostrophe** to show **possession**.

the girl's bags
the bags belonging to the girl (**singular**)

the girls' bags
the bags belonging to the girls (**plural**)

Rule 1: When the owner is **singular**, we put **apostrophe then s** after the noun.

Rule 2: To show ownership with most **plural** nouns, we put the **apostrophe after the s**.

Steady practise this

1 Follow the rules and complete these charts.

one owner:

short form with apostrophe	longer form
a the boy's hat	the hat belonging to the boy
b the snail's shell	
c the baby's rattle	
d the monkey's banana	
e Sam's pen	

more than one owner:

short form with apostrophe	longer form
f the ants' nest	the nest belonging to the ants
g	the ship belonging to the pirates
h	the hay belonging to the horses
i	the lights belonging to the cars
j	the surgery belonging to the doctors

ANSWERS: 1 (a) the hat belonging to the boy; (b) the shell belonging to the snail; (c) the rattle belonging to the baby; (d) the banana belonging to the monkey; (e) the pen belonging to Sam; (f) the ants' nest; (g) the pirates' ship; (h) the horses' hay; (i) the cars' lights; (j) the doctors' surgery

Apostrophes

Go test yourself

Use the apostrophe correctly. Write the shorter form of each of these.

1. the leaves belonging to the tree
2. the book belonging to Ben
3. the cave belonging to the dragons
4. the wood belonging to the elves
5. the book belonging to the teacher
6. the nest belonging to the birds
7. the cows belonging to the farmers
8. the lead belonging to the dog
9. the mane belonging to the lion
10. the honey belonging to the bees

Colour a star ★ for each answer you get right.

Zoom your challenge

★ Can you explain the difference between each pair of phrases?

the potato's roots	–	the potatoes' roots
the monster's cave	–	the monsters' cave
the dog's dinner	–	the dogs' dinner
the lady's hats	–	the ladies' hats
the flower's petals	–	the flowers' petals
the church's bells	–	the churches' bells

ANSWERS: (1) the tree's leaves; (2) Ben's book; (3) the dragons' cave; (4) the elves' wood; (5) the teacher's book; (6) the birds' nest; (7) the farmers' cows; (8) the dog's lead; (9) the lion's mane; (10) the bees' honey

Suffixes

Ready read this

A **suffix** is a **group of letters** that goes **at the end** of a word.

Suffixes often **change the meaning** of the word or the job the word does.

power + ful = powerful

library + an = librarian

Sometimes the **spelling** of the **root word remains the same**.

Sometimes the **spelling** of the **root word changes slightly**.

Steady practise this

1 Join up each noun to the verb from which it comes. Underline the suffix at the end of each noun.

noun	verb
a action	accept
b amusement	act
c acceptance	revive
d exposure	amuse
e interference	prosper
f revival	interfere
g prosperity	remain
h remainder	expose

2 Join up each adjective to the noun from which it comes. Underline the suffix at the end of each adjective.

adjective	noun
a comfortable	wood
b wooden	disaster
c childish	comfort
d faulty	expense
e disastrous	child
f fortunate	circle
g expensive	fortune
h circular	fault

ANSWERS: 1 (a) act; (b) amuse; (c) accept; (d) expose; (e) interfere; (f) revive; (g) prosper; (h) remain
2 (a) comfort; (b) wood; (c) child; (d) fault; (e) disaster; (f) fortune; (g) expense; (h) circle

Suffixes

Go test yourself

Take the suffix off each word.
Write the word you are left with.

Remember, sometimes the spelling of the root word will need changing slightly.

1 marvellous — marvel
2 volcanic
3 attractive
4 helpful
5 mysterious
6 subtraction
7 fatty
8 useless
9 athletic
10 decorator

Colour a star ★ for each answer you get right.

Zoom your challenge

★ How many words can you think of ending with the suffix **ment** (such as improve**ment**, content**ment**, etc.)?

Scoring: 10 – good   15 – very good   20 – excellent

ANSWERS: (1) marvel; (2) volcano; (3) attract; (4) help; (5) mystery; (6) subtract; (7) fat; (8) use; (9) athlete; (10) decorate

Spell check

Check how many of these words you can read and spell without copying.

	Read correctly	Spell correctly		Read correctly	Spell correctly		Read correctly	Spell correctly
amazing			happy			small		
awful			head			something		
baby			heard			sound		
balloon			horrible			sure		
because			hour			suddenly		
birthday			important			swimming		
brother			interest			those		
brought			lady			thought		
castle			laughter			through		
children			light			watch		
clothes			lovely			white		
different			minute			whole		
during			money			why		
earth			month			window		
eyes			mother			woke		
father			own			word		
friend			paper			work		
frightened			quiet			world		
garden			scared			written		
great			sister			young		

Cwpan Rygbi'r Byd
Cymru '99

Argraffiad cyntaf: Gorffennaf 1999

⊕ Hawlfraint Y Lolfa Cyf. 1999

Mae hawlfraint ar gynnwys y llyfr hwn ac y mae'n anghyfreithlon i atgynhyrchu unrhyw ran ohono
(ar wahân i bwrpas adolygu) heb ganiatâd ysgrifenedig y cyhoeddwyr ymlaen llaw.

Diolch i: Allsport, S4C, Bwrdd Croeso Cymru a'r Western Mail & Echo am gael defnyddio'u lluniau.
Dylunio: Owain Huw

Roedd y wybodaeth a gasglwyd ar gyfer y llyfr hwn yn gywir pan gyhoeddwyd y llyfr, ond gallai rhai
o'r manylion fod wedi newid oddi ar hynny.

Rhif Llyfr Rhyngwladol: 0 86243 496 3

Argraffwyd a chyhoeddwyd yng Nghymru gan
Y Lolfa Cyf., Talybont, Ceredigion SY24 5AP
e-bost ylolfa@ylolfa.com
y we www.ylolfa.com
ffôn (01970) 832 304
ffacs 832 782
isdn 832 813

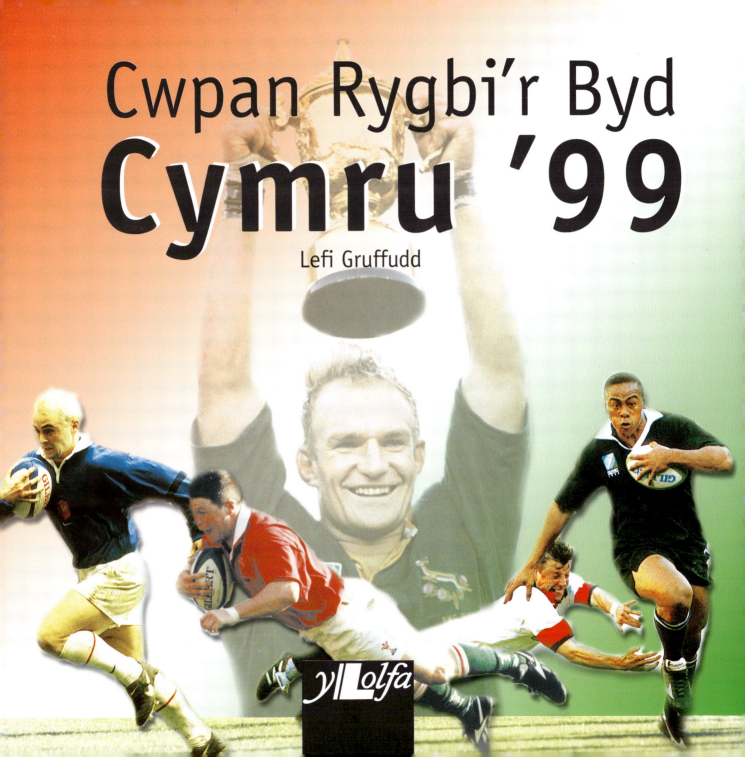

Cwpan Rygbi'r Byd
Cymru '99

Lefi Gruffudd

y<u>l</u>olfa

Cynnwys

Hanes Cwpan y Byd	6
Cymru a Chwpan y Byd	10
Gemau Cofiadwy	11
Ffeithiau am Gwpan y Byd	13
Y Gwledydd	14
Timau Cwpan y Byd	16
Graham Henry	25
Stadiwm y Mileniwm	26
Meysydd Cwpan y Byd	28
Y Gemau	30
Sêr Cwpan y Byd	37
Barn y Sylwebwyr	44

Hanes Cwpan y Byd

Er 1987 cynhaliwyd pencampwriaeth rygbi bob pedair blynedd rhwng gwledydd rygbi gorau'r byd. Dyma oedd un o ddatblygiadau pwysicaf Rygbi Undeb erioed – cyfle i ddod â thimau o bob rhan o'r byd i gystadlu am gwpan am fod yn bencampwyr y byd.

Awgrymwyd y syniad o gynnal Cwpan Byd Rygbi gyntaf yn yr 1950au gan undeb rygbi Awstralia, ond nid tan 30 mlynedd yn ddiweddarach y cyhoeddodd Bwrdd Rygbi'r Byd (IRFB) y byddai'r gystadleuaeth yn cael ei threfnu. Crewyd *Cwpan Rygbi'r Byd Cyf.* a gwahoddwyd 16 o brif wledydd rygbi'r byd o'r 6 chyfandir i gymryd rhan yn y Cwpan Byd cyntaf yn Seland Newydd ac Awstralia yn 1987.

Cwpan William Webb Ellis

Ar gyfer y gystadleuaeth gyntaf trefnwyd tlws unigryw ar gyfer y buddugwyr. Enwyd y tlws ar ôl y chwaraewr yr honnwyd iddo greu'r gêm rygbi yn 1823 – William Webb Ellis. Mae'r tlws wedi ei wneud o arian, wedi ei orchuddio ag aur, ac yn bymtheg modfedd o uchder.

Scott Gibbs, Robert Howley a Jonothan Humphreys gyda Chwpan William Webb Ellis

Seland Newydd ac Awstralia 1987

Arbrawf oedd y Cwpan Byd cyntaf heb gemau rhagbrofol na fawr o baratoi. Ond bu'r gystadleuaeth yn llwyddiant mawr gyda rygbi gwych yn cael ei chwarae gan Awstralia, Ffrainc a Seland Newydd yn arbennig. Seland Newydd oedd y buddugwyr yn gwbl haeddiannol, gan guro Ffrainc 29-9 yn y rownd derfynol yn Eden Park, Auckland, a llwyddodd Cymru i ddod yn drydydd ar ôl curo Awstralia yn y gêm am y trydydd safle. David Kirk oedd y capten cyntaf i godi Cwpan William Webb Ellis, ar ôl gêm hanesyddol a chofiadwy. Seland Newydd yn yr 80au oedd un o'r timau gorau yn hanes y gêm, a daeth blaenwyr fel Wayne Shelford a Michael Jones, ac olwyr fel Grant Fox a John Kirwan, yn enwog yn y Cwpan Byd cyntaf erioed. Roedd llwyddiant 1987 yn sylfaen ar gyfer cystadleuaeth fwy uchelgeisiol yn 1991.

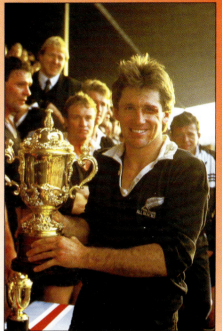

David Kirk, y capten cyntaf i ddal y cwpan

Y Pum Gwlad 1991

Unwaith eto 16 tîm oedd i gymryd rhan yn yr ail Gwpan Byd, ond y tro hwn roedd 8 tîm yn gorfod ennill eu lle trwy grwpiau rhagbrofol, tra roedd wyth olaf 1987 hefyd yn cael chwarae. Cynhaliwyd y gemau yn y Pum Gwlad (Lloegr, Ffrainc, Iwerddon, Cymru a'r Alban), a chynhaliwyd y rownd derfynol yn Twickenham. Awstralia enillodd y Cwpan Byd trwy guro Lloegr 12-6 yn y rownd derfynol, gan gadw'r cwpan yn hemisffer y de. Nick Farr-Jones oedd y capten buddugol y tro hwn, a bu cicio Michael Lynagh, ceisiau David Campese a thaclo grymus y blaenwyr yn allweddol i'w buddugoliaeth. Yn y Cwpan Byd hwn gwelwyd cynnydd enfawr yn y diddordeb a'r gefnogaeth i'r gystadleuaeth – roedd wedi dal dychymyg cefnogwyr ymhob cwr o'r byd.

Nick Farr-Jones a David Campese yn cyd-ddathlu yn 1991

De Affrica 1995

Yn y trydydd Cwpan Byd, am y tro cyntaf erioed, cynhaliwyd y gystadleuaeth mewn un wlad. Roedd yn ddigwyddiad arbennig o hanesyddol hefyd am mai dyma'r tro cyntaf i Dde Affrica gymryd rhan yn y gystadleuaeth, a phrofi eu dawn ar ôl i Apartheid ddod i ben. Er i lawer ddweud mai Seland Newydd oedd tîm cryfa'r gystadleuaeth ac mai Jonah Lomu oedd chwaraewr y bencampwriaeth, cododd De Affrica eu gêm yn y rownd derfynol i guro Seland Newydd 15-12 mewn gêm dynn. Bu golygfeydd emosiynol iawn yn Ellis Park wedi diwedd y gêm wrth i Francois Piennar, capten De Affrica, a Nelson Mandela, arlywydd du cynta'r wlad, gyd-ddathlu eu buddugoliaeth.

Francois Piennar, capten buddugol De Affrica

Cymru 1999

Hwn fydd y Cwpan Byd mwyaf eto, gyda 65 o wledydd wedi cymryd rhan ers i'r gemau rhagbrofol ddechrau ym mis Medi 1996. Undeb Rygbi Cymru sy'n trefnu'r gystadleuaeth gyda chymorth undebau'r Alban, Iwerddon, Ffrainc a Lloegr. Mae 20 gwlad yn mynychu'r rowndiau terfynol y tro hwn, gyda'r rownd derfynol i'w chynnal yn Stadiwm y Mileniwm, Caerdydd, ar y 6ed o Dachwedd 1999. Bydd 41 o gemau yn cael eu chwarae mewn 18 o ganolfannau. Bydd gemau yn cael eu darlledu mewn 140 o wledydd gyda tua 3 biliwn o wylwyr – y cyfanswm mwyaf erioed. Cynhelir y seremoni agoriadol a'r gêm gyntaf hefyd yn Stadiwm y Mileniwm: Cymru v Ariannin ar Hydref y 1af.

Bu Undeb Rygbi Cymru'n trefnu'r gystadleuaeth hon er 1995, ac mae cyfanswm o 133 o gemau rhagbrofol wedi eu chwarae ar gyfer y Cwpan Byd. Wedi'r gemau rhagbrofol caiff 6 thîm o Ewrop, 3 thîm o America, 3 thîm o'r Môr Tawel ac un tîm yr un o Affrica ac Asia le yn y rowndiau terfynol. Am y tro cyntaf erioed hefyd cynhaliwyd gemau ail gyfle i'r timau oedd yn agos at fynd trwodd o'r grwpiau.

Mae tri thîm gorau 1995, sef De Affrica, Seland Newydd a Ffrainc yn cael lle yn awtomatig, tra bod Cymru hefyd yn cael lle fel y trefnwyr. Yn y gemau rhagbrofol roedd rhaid i nifer o'r gwledydd fynd trwy sawl grŵp er mwyn cyrraedd y grŵp rhanbarthol olaf – yn dibynnu ar eu record mewn rygbi rhyngwladol. Dyma sut y gorffennodd tabl pob rhanbarth yn y pen draw, gyda'r timau sy'n ennill eu lle wedi eu dangos mewn coch. Nodir hefyd sut yr enillodd Uruguay a Tonga eu lle yng Nghwpan y Byd trwy'r gemau ail gyfle.

Grwpiau Terfynol y Rhanbarthau

Grŵp Terfynol y Môr Tawel

	Ch	E	Cl	C	+	-	Pt
Awstralia	3	3	0	0	165	33	9
Fiji	3	2	0	1	78	99	7
Gorllewin Samoa	3	1	0	2	59	71	5
Tonga	3	0	0	3	35	134	3

Grŵp Terfynol yr Americas

	Ch	E	Cl	C	+	-	Pt
Ariannin	3	3	0	0	161	52	9
Canada	3	2	0	1	97	83	6
UDA	3	1	0	2	59	99	5
Uruguay	3	0	0	3	31	114	3

Grŵp Terfynol Ewrop 1

	Ch	E	Cl	C	+	-	Pt
Iwerddon	2	2	0	0	123	35	6
Romania	2	1	0	1	62	76	4
Georgia	2	0	0	2	23	97	2

Grŵp Terfynol Ewrop 2

	Ch	E	Cl	C	+	-	Pt
Lloegr	2	2	0	0	133	15	6
Yr Eidal	2	1	0	1	82	30	4
Yr Iseldiroedd	2	0	0	2	7	177	2

Grŵp Terfynol Ewrop 3

	Ch	E	Cl	C	+	-	Pt
Yr Alban	2	2	0	0	170	14	6
Sbaen	2	1	0	1	24	102	4
Portiwgal	2	0	0	2	28	106	2

Grŵp Terfynol Asia

	Ch	E	Cl	C	+	-	Pt
Japan	3	3	0	0	221	25	9
Korea	3	1	0	2	104	81	5
Taipei Tseineaidd	3	1	0	2	57	227	5

Grŵp Terfynol Affrica

	Ch	E	Cl	C	+	-	Pt
Namibia	3	3	0	0	78	32	9
Moroco	3	2	0	1	29	29	7
Zimbabwe	3	1	0	2	55	54	5
Cote d'Ivoire	3	0	0	3	13	60	3

Gemau Terfynol Ail Gyfle

Uruguay 18 – Moroco 3
Moroco 21 – Uruguay 18 (Uruguay)
Tonga 58 – Moroco 26
Korea 15 – Tonga 82 (Tonga)

Cymru a Chwpan y Byd
Record Cymru er 1987

Mae Cymru wedi cymryd rhan ym mhob un o'r cystadlaethau hyd yma, ond heb wneud yn arbennig o dda. Y gorau i Gymru wneud erioed oedd dod yn drydydd yn 1987. Ar ôl curo Iwerddon, Tonga, Canada a Lloegr yn y rowndiau cyntaf, collodd Cymru'n drwm yn erbyn Seland Newydd 40-9 yn y rownd gynderfynol, cyn dod nôl i guro Awstralia 22-21 yn y gêm am y trydydd safle.

Methodd Cymru â mynd trwodd o'r gemau grŵp yn 1991 a 1995, gan fynd adre ar ôl chwarae tair gêm yn unig. Yn 1991 collodd Cymru'n annisgwyl yn erbyn Gorllewin Samoa (13-16), cyn curo'r Ariannin, ac yna golli'n drwm i Awstralia (38-3). Yn 1995 cafwyd siom unwaith eto, ac er i Gymru guro Japan yn rhwydd, collwyd y gemau pwysig yn erbyn Iwerddon (24-23) a Seland Newydd (34-9).

Record Cymru:
Ennill – 7 (58.3%)
Colli – 5 (41.7%)

	Dyddiad	Gêm	Sgôr	Lle
1987	25 Mai 1987	Cymru v Iwerddon	13-6	Wellington
	29 Mai 1987	Cymru v Tonga	29-16	Gogledd Palmerston
	3 Mehefin 1987	Cymru v Canada	40-9	Invercargill
	8 Mehefin 1987	Cymru v Lloegr	16-3	Ballymore, Brisbane
	14 Mehefin 1987	Cymru v Seland Newydd	6-49	Ballymore, Brisbane
	18 Mehefin 1987	Cymru v Awstralia	22-21	Rotorua
1991	6 Hydref 1991	Cymru v Gorllewin Samoa	13-16	Caerdydd
	9 Hydref 1991	Cymru v Ariannin	16-7	Caerdydd
	12 Hydref 1991	Cymru v Awstralia	3-38	Caerdydd
1995	27 Mai 1995	Cymru v Japan	57-10	Bloemfontein
	31 Mai 1995	Cymru v Seland Newydd	9-34	Johannesburg
	4 Mehefin 1995	Cymru v Iwerddon	23-24	Johannesburg

Gemau Cofiadwy

Yn y tair cystadleuaeth sydd wedi bod cafwyd sawl gêm eithriadol o gyffrous a chofiadwy ...

1987
Cymru 22 – Awstralia 21

Yr un fwyaf cofiadwy i dîm Cymru oedd y gêm am y trydydd safle yn erbyn Awstralia yn 1987 (yn Rotorua). Ar ôl colli'n drwm yn erbyn Seland Newydd yn y rownd gynderfynol, doedd neb yn disgwyl i Gymru ddod yn agos i Awstralia yn y gêm hon. Ond mewn gêm gorfforol llwyddodd Cymru i gystadlu'n dda yn erbyn y Wallabies, gyda Jonathan Davies yn cael gêm dactegol wych. Chwaraeodd blaenwyr dibrofiad fel Richard Webster a Paul Moriarty yn hynod ddewr i gadw Cymru yn y gêm, ac yn yr amser am anafiadau llwyddodd Adrian Hadley i sgorio cais yn y gornel i ddod â Chymru o fewn pwynt i Awstralia. Gyda'r dorf yn chwibanu, ac yn erbyn pob disgwyl, llwyddodd Paul Thorburn i gicio'r trosiad – un o'r ciciau mwyaf cofiadwy erioed gan y cefnwr, i ennill y trydydd safle i Gymru.

Paul Thorburn, cefnwr a chiciwr Cymru yn 1987

Michael Jones, blaenasgellwr gwych Seland Newydd yn 1987

1987
Ffrainc 9 – Seland Newydd 29

Chwaraewyd y gêm derfynol gyntaf erioed yn Eden Park, Auckland, ac roedd ennill y cwpan yn wobr haeddiannol i un o'r timau rygbi gorau erioed. Ar ôl curo'r Alban a Chymru'n rhwydd yn y rowndiau cyn hynny, roedd chwarae yn erbyn Ffrainc, oedd yn cynnwys chwaraewyr disglair fel Sella a Blanco, yn llawer mwy anodd. Ond roedd gan y Crysau Duon chwaraewyr gwych ym mhob safle, yn arbennig Grant Fox, John Gallagher a John Kirwan ymysg yr olwyr, a Wayne Shelford, Michael Jones a Sean Fitzpatrick yn y blaenwyr. Chwaraeodd y capten David Kirk gêm orau ei fywyd fel mewnwr, gan sgorio cais yn yr ail hanner, ac er i Ffrainc sgorio cais ar ddiwedd y gêm roedd cryfder Seland Newydd yn ormod i'r Ffrancwyr. Roedd y gêm yn uchafbwynt teilwng a chofiadwy i gystadleuaeth gwych.

1991
Iwerddon 18 – Awstralia 19

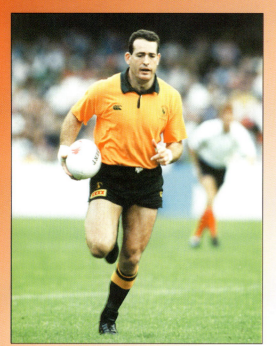

Yn erbyn pob disgwyl bu bron i Iwerddon guro enillwyr Cwpan y Byd 1991 mewn gêm eithriadol o gyffrous yn y rownd gogynderfynol. Er i Awstralia ennill eu grŵp yn hawdd, ac er bod Iwerddon wedi cael y llwy bren ym mhencampwriaeth y Pum Gwlad cyn y Cwpan Byd, bu bron i'r Gwyddelod gipio'r gêm gyda chais gwefreiddiol gan Gordon Hamilton yn y munudau olaf. Bu Awstralia ar y blaen y rhan fwyaf o'r gêm gyda dau gais gan David Campese a chiciau gan Michael Lynagh, ond gyda munudau i fynd rhoddwyd y bêl i'r blaenasgellwr yn ei 22 ei hunan gyda hyd y cae o'i flaen. Llwyddodd i osgoi pob tacl a rhoi Iwerddon ar y blaen 16-15. Yn anffodus i'r Gwyddelod cafodd Awstralia'r cyfle i fwydo Michael Lynagh i sgorio yn y gornel yn yr amser am anafiadau i ennill y gêm, ac yn y pen draw nhw enillodd Gwpan y Byd.

David Campese, un o sêr mwyaf Cwpan y Byd

1995
Seland Newydd 45 – Lloegr 29

Chwaraeodd Seland Newydd rygbi gwych yn ystod Cwpan y Byd 1995, a'r rygbi gorau o bosib yn erbyn Lloegr mewn crasfa 45-29 yn y rownd gynderfynol. Dechreuodd Seland Newydd ar dân gan sgorio 25 pwynt mewn 25 munud, yn cynnwys cais gwefreiddiol gan yr asgellwr anferth Jonah Lomu, a gerddodd dros Tony Underwood a thrwy dau dacl arall. Mewn carnifal o rygbi gwelwyd hefyd gic adlam o 45 llath gan eu hwythwr Zinzan Brooke. Daeth Lloegr nôl yn gryf cyn hanner amser gan sgorio pedwar cais eu hunain, ond roedd y Crysau Duon yn rhy gryf erbyn diwedd y gêm gyda Jonah Lomu'n cael pedwar cais i gyd. Er i Seland Newydd golli yn y rownd derfynol, yn y gêm hon gwelwyd rygbi gorau'r gystadleuaeth, a'r chwaraewyr gorau yn Josh Kronfeld a Jonah Lomu.

Jonah Lomu yn osgoi tacl Rob Andrew

Ffeithiau am Gwpan y Byd

- Cymerodd 65 o wledydd ran yng ngemau rhagbrofol Cwpan y Byd.
- Cwpan Rygbi'r Byd yw'r trydydd achlysur chwaraeon mwyaf yn y byd erbyn hyn, y tu ôl i'r Gemau Olympaidd a Chwpan Pêl-droed y byd.
- Y chwaraewr â'r nifer mwyaf o bwyntiau ym mhob Cwpan Byd yw Gavin Hastings o'r Alban – cyfanswm o 227.
- Lloegr yw'r unig dîm i gynnal gêm agoriadol a rownd derfynol Cwpan y Byd heb ennill y gemau hynny (yn 1991).
- Y tîm â'r nifer lleiaf o geisiau mewn unrhyw Gwpan Byd oedd Romania, a sgoriodd un cais (ac 14 pwynt yn unig) yn eu tair gêm yn 1995.
- Ieuan Evans yw'r Cymro â'r nifer mwyaf o geisiau ym mhob Cwpan Byd – 7 cais (yn cynnwys 4 yn erbyn Canada yn 1987).
- Y nifer mwyaf o bwyntiau i gael eu sgorio mewn gêm ragbrofol Cwpan y Byd oedd 164 gan Hong Kong yn erbyn Singapore yn 1995.
- Y nifer mwyaf o bwyntiau mewn gêm yn y rowndiau terfynol oedd 145 gan Seland Newydd yn erbyn Japan yn 1995.
- Yn y gemau rhagbrofol eleni curodd Japan Taipei Tseineaidd 134-6 gan fynd i ben grŵp Asia.
- Bydd cyfanswm o 177 o gemau yn cael eu chwarae ar gyfer y Cwpan Byd hwn (yn cynnwys y gemau rhagbrofol), o'i gymharu â 106 yn 1995.

Caerdydd

Mae Cwpan Rygbi'r Byd yn disgwyl gwneud elw o tua £800 miliwn eleni, ond disgwylir hefyd y bydd Caerdydd yn elwa'n fawr o'r bencampwriaeth. Yn ôl Canolfan Ymchwil Caerdydd bydd y manteision ariannol i'r ddinas ei hun yn gymaint â £80 miliwn, ac ar ôl i Gwpan y Byd ddod i ben bydd Stadiwm y Mileniwm yn parhau i ddod ag incwm o £19 miliwn y flwyddyn i Gaerdydd.

Y Gwledydd

Iwerddon

Cymru

Yr Alban

Lloegr

Canada

UDA

Uruguay

Ariannin

Namibia

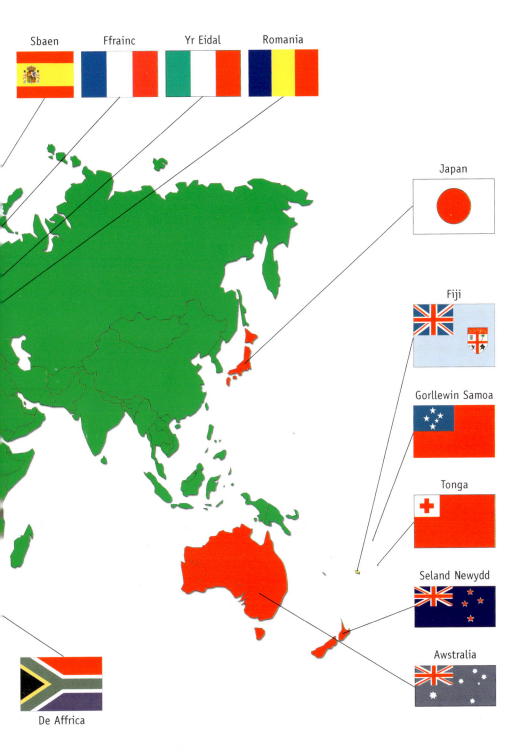

Timau Cwpan y Byd

De Affrica

Hyfforddwr: Nick Mallett
Ennill lle fel buddugwyr Cwpan Byd 1995
Rowndiau Terfynol: 1995
Buddugwyr yn 1995

Fel buddugwyr y Cwpan Byd diwethaf, ac yn dilyn eu record ddiweddar mae De Affrica yn sicr yn un o'r ffefrynnau i ennill Cwpan y Byd unwaith eto. De Affrica yw meistri'r gêm gyflym fodern gyda rheng ôl gyflym a phwerus ac olwyr slic. Mae ganddynt hefyd un o olwyr gorau'r byd yn Joost Van Der Westhuizen.

Er ei bod yn un o wledydd cryfa'r byd dros y degawdau diwethaf, nid oedd De Affrica'n cael ei chydnabod mewn cystadlaethau rhyngwladol oherwydd Apartheid. Ond yn 1995, gyda Nelson Mandela yn arwain y wlad, profodd De Affrica eu gallu yn y byd rygbi drwy ennill y cwpan ar eu tir eu hunain.

Nid yw chwaraewyr megis Francois Pienar a Joubert yn chwarae bellach, ond mae digon o chwaraewyr ifanc talentog i gymryd eu lle, megis Bobby Skinstad a Gary Teichmann. Yn ystod 1998 profodd De Affrica ei goruchafiaeth fel tîm drwy ddod yn gyfartal â record Seland Newydd o ennill 17 gêm ryngwladol o'r bron. Yn ystod eu taith i Brydain bu bron i Gymru eu curo, ond Lloegr ddaeth â'u rhediad gwych i ben gyda buddugoliaeth o 13-7 mewn gêm dynn yn Twickenham.

Seland Newydd

Hyfforddwr: John Hart
Ennill lle fel y tîm ddaeth yn ail yng Nghwpan y Byd 1995
Rowndiau Terfynol: 1987, 1991, 1995
Buddugwyr yn 1987, ail yn 1995, trydydd yn 1991

Seland Newydd sydd â'r record orau yn y Cwpan Byd erioed, gan ennill 16 gêm o 18 yn y pencampwriaethau er 1987, ac yn draddodiadol Seland Newydd yw'r tîm y mae pob gwlad yn breuddwydio am ei guro. Ond bu 1998 yn flwyddyn wael i'r Crysau Duon gan golli pump gêm o'r bron yn erbyn De Affrica ac Awstralia, a bu llawer yn galw ar yr hyfforddwr John Hart i ymddiswyddo.

Un rheswm dros broblemau'r tîm yw iddynt golli nifer o chwaraewyr profiadol megis Zinzan Brooke a Sean Fitzpatrick, ac mae ganddynt reng flaen ddibrofiad, ond does dim amheuaeth y byddant wedi paratoi'n drylwyr, a bydd ganddynt garfan gryf iawn ar gyfer Cwpan y Byd i geisio adfer eu lle ar frig rygbi rhyngwladol unwaith eto.

Yn ôl llawer Josh Kronfeld yw blaenasgellwr gorau'r byd, ac mae gan olwyr fel Jonah Lomu, Jeff Wilson a Christian Cullen i gyd y gallu i ddinistrio unrhyw amddiffyn. Bydd chwaraewyr eraill fel y capten Taine Randell a'r mewnwr Justin Marshall hefyd yn fygythiad i'r Crysau Duon. Er eu record siomedig yn ddiweddar, Seland Newydd fydd y ffefrynnau i ennill unwaith eto.

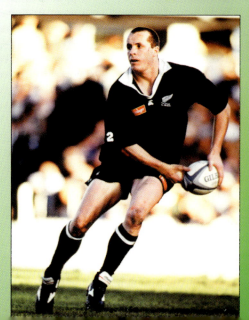

Awstralia

Hyfforddwr: Rod MacQueen
Buddugwyr grŵp y Môr Tawel
Rowndiau Terfynol: 1987, 1991, 1995
Buddugwyr yn 1991

Fel buddugwyr Cwpan y Byd 1991, bydd Awstralia eto yn un o'r tri thîm cryfaf yn y gystadleuaeth, ac am greu argraff ar ôl colli yn y rownd gogynderfynol yn y Cwpan Byd diwethaf.

Mae Awstralia wedi gwaredu cnewyllyn y tîm chwaraeodd yn y Cwpan Byd diwethaf (yn cynnwys yr hyfforddwr Bob Dwyer) ac wedi adeiladu tîm newydd i aeddfedu ar gyfer y Cwpan Byd hwn. Bu eu record ddiweddar yn arbennig o dda – nhw oedd buddugwyr y *Bledisloe Cup* yn 1998, a gwnaethant yn dda yn y *Tri-Nations* yn yr un flwyddyn.

Dioddefodd y garfan nifer o anafiadau yn ddiweddar, gyda John Eales, Stephen Larkham, Matthew Burke, a Jason Little yn dioddef, ond mae'n sicr y bydd Awstralia ymysg y ffefrynnau unwaith eto gyda digon o ddyfnder o dalent yn y wlad, a bydd nifer o'r sêr wedi gwella erbyn Cwpan y Byd. Chwaraewyr eraill i'w gwylio fydd y blaenasgellwr David Wilson a'r asgellwr Joe Roff.

Tonga

Hyfforddwr: Phil Preforius
Ennill lle trwy'r gemau ail gyfle
Rowndiau Terfynol: 1987, 1995

Ar ôl ennill y gemau ail gyfle y llwyddodd Tonga i fynd trwodd i Gwpan y Byd ar ôl bod yn anlwcus i ddod yn olaf yng ngrŵp De'r Môr Tawel. Mae rygbi'n gêm hynod bwysig yn Tonga ac mae ganddynt chwaraewyr dawnus all redeg a thrafod y bêl yn fedrus, ac mae eu taclo caled yn chwedlonol.

Yn ddiweddar mae llawer mwy o'u chwaraewyr yn cystadlu ar lefel uwch gydag amryw yn ennill eu bara menyn gyda chlybiau Cymru. Mae 8 chwaraewr o Donga'n chwarae rygbi clwb yng Nghymru bellach, yn cynnwys Faeo Vanipola (bachwr Pontypŵl), Sina (Josh) Taumalolo (cefnwr Glynebwy) a Sulesi Finau (canolwr Llanelli). O fagu mwy o brofiad o'r gêm fodern gallai Tonga ddatblygu'n rym yn y dyfodol, ond go brin yr ân nhw'n bell yn y Cwpan Byd hwn gyda Lloegr a Seland Newydd yn yr un grŵp.

Dyma'r trydydd Cwpan Byd iddynt ei fynychu – ond dim ond un gêm maen nhw wedi ei hennill yn eu hymdrechion diwethaf.

Gorllewin Samoa

Hyfforddwr: Brian Williams
Ennill lle yn y trydydd safle yng ngrŵp y Môr Tawel
Rowndiau terfynol: 1991, 1995

Bu Cwpan y Byd yn llwyfan pwysig i Orllewin Samoa yn y degawd diwethaf, a phrofwyd bod ganddynt y gallu i gystadlu gyda thimau gorau'r byd. Yn 1991 curodd Gorllewin Samoa Gymru 16-13, gan osod y wlad ar y map rygbi. Yn dilyn y Cwpan Byd hwnnw cafodd nifer o chwaraewyr, megis Pat Lam, Stephen Bachop a Franc Bunce eu denu i Seland Newydd, gan newid eu teyrngarwch i'r Crysau Duon. Ond gyda newid yn y rheolau cymhwyso mae Gorllewin Samoa wedi denu nifer nôl i chwarae i'w mamwlad, ac maent nôl ar eu cryfa eto ar ôl y cyfnod diffygiol yng nghanol y 90au.

Mae nifer o'r chwaraewyr bellach yn chwarae yng nghynghrair yr Allied Dunbar yn Lloegr, ac maent ymysg chwaraewyr gorau a chaletaf y gynghrair, yn cynnwys Va'aiga Tuigamala, Pat Lam a Fea'unati.

Dywed rhai i Gorllewin Samoa golli'n fwriadol yn eu gêm ragbrofol yn erbyn Fiji y llynedd er mwyn gallu bod yn yr un grŵp â Chymru yn hytrach na Ffrainc yng Nghwpan y Byd. Pwy ŵyr a yw hynny'n wir, ond mae'r Samoaid yn sicr yn edrych ymlaen yn eiddgar am y cyfle i roi sioc arall i Gymru.

Fiji

Hyfforddwr: Brad Johnstone
Ennill lle yn ail safle grŵp y Môr Tawel
Rowndiau Terfynol: 1987, 1991

Ym mis Mawrth eleni enillodd Fiji bencampwriaeth saith bob ochr y byd yn Hong Kong unwaith eto. Rygbi saith bob ochr yw eu gêm genedlaethol a'r gêm honno mae eu harwyr cenedlaethol yn ei chwarae, ond yn ddiweddar mae Fiji wedi datblygu tîm pymtheg dyn cystadleuol a mwy disgybledig.

Mae'r hyfforddwr Brad Johnstone o Seland Newydd wedi dod â mwy o drefn i'r tîm o ran amddiffyn a chwarae gosod dros y pedair blynedd diwethaf. Maent wedi ennill mwy o gemau yn y tair blynedd diwethaf na'r deng mlynedd blaenorol, yn cynnwys curo'r Alban 51-26 y llynedd, a churo Gorllewin Samoa dair gwaith.

Mae diffyg adnoddau a chael y garfan ynghyd wedi bod yn broblem i Fiji, ond mae sawl chwaraewr yn chwarae lefel uchel o rygbi yn Seland Newydd ar hyn o bryd, yn cynnwys Apisai Naevo a Nicky Little, a gallent greu sawl sioc yng ngrŵp C.

Bydd chwaraewyr fel Manasa Bari ac Opeti Turuva hefyd yn beryglus, a bydd y cefnogwyr yn gobeithio y bydd Serevi, seren mwya'r wlad a chwaraewr saith bob ochr gorau'r byd, yn chwarae.

Ffrainc

Hyfforddwr: Jean Claude Skrela
Ennill lle fel y tîm ddaeth yn drydydd yn 1995
Rowndiau Terfynol: 1987, 1991, 1995
Ail yn 1987, Trydydd yn 1995

Yn y blynyddoedd diwethaf mae Ffrainc wedi gwneud yn arbennig o dda ym mhencampwriaeth y Pum Gwlad, ac wedi bod yn chwarae rygbi creadigol gwych. Ond synnwyd llawer eleni wrth i Ffrainc ennill y llwy bren yn y bencampwriaeth a cholli'n drwm i'r Alban yn y gêm olaf. Mae'n wir dweud i Ffrainc golli nifer fawr o chwaraewyr oherwydd anafiadau eleni, a does dim amheuaeth na fyddant yn gryfach pan ddaw Cwpan y Byd.

Oherwydd eu canlyniadau gwael diweddar mae'n debygol hefyd y bydd Ffrainc yn galw ar nifer o chwaraewyr profiadol megis Lamaison, Benazzi a Sadourney i gryfhau'r tîm ac i ddod â mwy o sefydlogrwydd, a bydd disgwyliadau uchel gan y Ffrancwyr pan fyddant yn chwarae yn Ffrainc yn y gemau rhagbrofol.

Mae Ffrainc yn enwog am eu chwarae creadigol a'u rhedeg mentrus, ac mae gan y tîm presennol y potensial i fylchu unrhyw amddiffyn – does ond angen sôn am Castaignède, Dominici a Ntamack, ond bydd angen iddynt wella eu disgyblaeth a'u hamddiffyn i fynd yn bell yn y Cwpan Byd eleni.

Mae ganddynt record eitha da ym mhob Cwpan Byd, a byddant am fynd un cam ymhellach na 1987 pan gyrhaeddon nhw'r rownd derfynol.

Lloegr

Hyfforddwr: Clive Woodward
Ennill lle fel buddugwyr Grŵp Ewrop 2
Rowndiau terfynol: 1987, 1991, 1995
Ail yn 1991

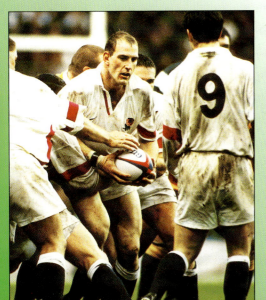

Dros y blynyddoedd diwethaf Lloegr fu un o'r timau cryfaf ym mhencampwriaeth y Pum Gwlad, ac un o'r ychydig wledydd allai gystadlu'n llwyddiannus yn erbyn gwledydd hemisffer y de. Bu ond y dim iddynt ennill pencampriaeth y Pum Gwlad eleni gyda phac pwerus a chyflym, ac amddiffyn gwydn tu hwnt. Bydd Lawrence Dalaglio a Martin Johnson yn ddylanwad mawr, a gyda Neil Back yn flaenasgellwr tanllyd a bywiog, bydd ganddynt reng ôl effeithiol iawn.

Er mai dibrofiad yw llawer o olwyr Lloegr, mae ganddynt nifer o unigolion dawnus ac mae Jeremy Guscot yn dal i greu a sgorio ceisiau'n gyson. Bydd y canolwr ifanc Jonny Wilkinson hefyd yn chwaraewr pwysig gyda'i daclo grymus a'i gicio cywir. Cafodd Lloegr siom wrth fethu ag ennill Pencampwriaeth y Pum Gwlad eleni, a bydd angen iddynt chware gêm fwy agored ac ymosodol i guro Seland Newydd yn eu grŵp.

Yn 1991 cyrhaeddodd Lloegr y rownd derfynol ar eu tir eu hunain, ac yn 1995 y rownd gyn-derfynol, ac eleni mae ganddynt gyfle gwirioneddol i ennill y cwpan am y tro cyntaf.

Cymru

Hyfforddwr: Graham Henry
Cael lle fel y gwestai
Rowndiau Terfynol: 1987, 1991, 1995
Trydydd yn 1987

Fel y wlad sy'n cynnal y gystadleuaeth bydd pwysau ar Gymru i wneud yn dda. Tan yn ddiweddar ystyriwyd Cymru yn un o dimau gwannaf y Pum Gwlad, ac ymhell y tu ôl i wledydd hemisffer y de. Ond ar ôl i'r Undeb dalu chwarter miliwn o bunnau am hyfforddwr newydd o Seland Newydd y llynedd, mae rygbi Cymru wedi trawsnewid, ac mae llawer mwy o hyder yn y garfan. O dan Graham Henry mae Cymru wedi datblygu gêm fodern, gyflym, lle mae agwedd llawer mwy ymosodol i'r chwarae. Mae Graham Henry hefyd wedi dod â chwaraewyr o hemisffer y de i gryfhau'r tîm, megis Peter Rogers, Brett Sinkinson, a Shane Howarth.

Mae'r gallu gan Gymru bellach i gystadlu yn erbyn timau gorau'r byd, gyda chwaraewyr dawnus ym mhob un o'r safleoedd allweddol. Yn y pac mae Chris Wyatt a'r brodyr Quinnell yn chwarae'n dda, ac ymysg yr olwyr mae Howley, Jenkins a Gibbs bob amser yn fygythiad. Mae'r ffaith i Gymru guro Ffrainc a Lloegr ym mhencampwriaeth y Pum Gwlad yn profi fod gobaith gan Gymru i wneud yn dda eleni.

Yr Alban

Hyfforddwr: Jim Telfer
Ennill lle fel buddugwyr grŵp 3 Ewrop
Rowndiau terfynol: 1987, 1991, 1995

Synnwyd llawer i'r Alban ennill pencamwriaeth y Pum Gwlad eleni, a gwneud hynny'n gwbl haeddiannol gyda chwarae agored a llond trol o geisiau. Er bod safon rygbi clwb yr Alban yn gyffredin iawn, maent wedi creu tîm rhyngwladol safonol ac ymosodol. Gyda chwaraewyr profiadol fel Armstrong a Gregor Townsend yn dal i chwarae'n dda, a gyda'r brodyr Leslie o Seland Newydd yn ychwanegiad cryf eleni, dylen nhw sicrhau ail safle yn eu grŵp y tu ôl i Dde Affrica.

Er nad yw eu blaenwyr mor gryf ag yn y gorffennol mae'r hen ben Doddie Weir a'r cyw ifanc Scott Murray yn gallu ennill meddiant i'r olwyr creadigol. Bydd Kenny Logan ar yr asgell hefyd yn bwysig fel rhedwr a chiciwr.

Mae gan yr Alban record eithaf da yng Nghwpan y Byd, gan gyrraedd y rownd gogynderfynol yn 1987 a'r rownd gynderfynol yn 1991. Yn 1995 llwyddon nhw i sgorio 30 pwynt yn erbyn Seland Newydd a rhoi gêm agos i Ffrainc.

Yn y rowndiau rhagbrofol eleni llwyddon nhw i guro Sbaen a Phortiwgal yn rhwydd gan sgorio 85 pwynt yn erbyn y ddau dîm.

Iwerddon

Hyfforddwr: Warran Gatland
Ennill lle fel buddugwyr Grŵp 1 Ewrop
Rowndiau terfynol: 1987, 1991, 1995

Er na fu paratoadau Iwerddon ar gyfer Cwpan y Byd yn ddelfrydol, bydd Iwerddon yn anodd iawn i'w curo ac mae ganddynt flaenwyr caled a gweithgar all gystadlu yn erbyn unrhyw bac yn y byd.

Yn y gemau rhagbrofol fe ildiodd Iwerddon bum cais yn erbyn Romania, a daethon nhw yn bedwerydd ym mhencampwriaeth y Pum Gwlad eleni. Ond ni ddylid eu diystyru – fe guron nhw Gymru, a bu ond y dim iddynt guro Ffrainc, a byddant yn frwd i greu argraff yn eu gemau grŵp yn Lansdowne Road.

Maen nhw'n gryfach eleni nag ers sawl blwyddyn o dan hyfforddiant Warran Gatland o Seland Newydd, ac er nad yw'r olwyr wedi disgleirio'n ddiweddar mae ganddyn nhw nifer o chwaraewyr dawnus fel Conor O'Shea, Paul Burke, Victor Costello a Keith Wood all wneud gwahaniaeth mewn unrhyw gêm.

Maen nhw wedi cyrraedd y rownd gogynderfynol ym mhob cwpan y byd blaenorol, gan fwrw Cymru allan yn 1995, ac fe ddylen nhw gyrraedd yr ail rownd eleni, er eu bod yn gorfod wynebu Romania unwaith eto.

Yr Eidal

Hyfforddwr: Georges Coste
Ennill lle yn ail safle grŵp Ewrop 2
Rowndiau Terfynol: 1987, 1991, 1995

Yn ddiweddar mae'r Eidal wedi ennill eu lle fel un o dimau gorau Ewrop, ac maen nhw'n cael eu gwobrwyo drwy gymryd rhan ym mhencampwriaeth y Chwe Gwlad y flwyddyn nesa. Datblygodd y tîm yn eithriadol ers y Cwpan Byd cyntaf yn 1987 pan gawson nhw grasfa o 70 pwynt gan y Crysau Duon yng ngêm gyntaf y Cwpan Byd erioed. Yn 1995 fe gurodd yr Eidal yr Ariannin a dod o fewn saith pwynt i Loegr. Ymddengys i'r tîm gryfhau eto ers hynny, a bu bron iddynt â churo Lloegr yng ngêm ragbrofol Ewrop 2 (colli 23-15).

Mae gan chwaraewyr fel y maswr Diego Dominguez a'r capten Massimo Giovanelli brofiad helaeth o rygbi rhyngwladol, ac mae ganddyn nhw hyfforddwr da yn Georges Coste. Ond er eu gwelliant diweddar, mi gollon nhw'n drwm i Gymru a'r Alban yn ddiweddar, a bydd yn anodd iddyn nhw guro Lloegr neu Seland Newydd i fynd i'r ail rownd eleni.

Romania

Hyfforddwr: Mircea Paraschiv
Ennill lle yn ail safle grŵp Ewrop 1
Rowndiau Terfynol: 1987, 1991, 1995

Yn draddodiadol Romania yw un o dimau gorau Ewrop y tu allan i'r Chwe Gwlad. Yn niwedd y 70au a'r 80au roedd Romania'n dîm cryf yn seiliedig ar bac corfforol, ac roedd cysylltiad agos rhwng y tîm â'r fyddin. Ond yn ddiweddar dioddefodd rygbi yno oherwydd problemau economaidd a gwleidyddol.

Bu'r wlad yn rhan o'r tri Chwpan Byd diwethaf, ond heb wneud argraff, gan ennill dim ond dwy gêm o naw (yn erbyn Fiji a Zimbabwe). Un o broblemau Romania yw diffyg dyfnder talent, a phrin yw'r chwaraewyr sy'n chwarae safon uchel o rygbi'n gyson. Creodd eu holwyr argraff yn erbyn Iwerddon yn y gemau rhagbrofol, gan sgorio 35 pwynt, a bydd chwaraewyr megis yr wythwr Catalin Draguceanu a'r canolwr Romeo Goutineac yn fygythiad.

Sbaen

Hyfforddwr: Alfonso Feijoo
Ennill lle yn ail safle grŵp Ewrop 3

Dyma'r tro cyntaf i Sbaen gyrraedd rowndiau terfynol Cwpan y Byd, a bydd yn gamp iddyn nhw gadw sgoriau'n barchus yn eu gemau grŵp. Buon nhw'n lwcus i gael lle yng Nghwpan y Byd, a hynny trwy guro eu cymdogion Portiwgal 21-17 yng ngrŵp Ewrop 3. Yn yr un grŵp curodd yr Alban Sbaen 85-3 – tîm y bydd rhaid iddyn nhw ei wynebu eto yng ngrŵp A yn Murrayfield.

Capten Sbaen fydd y blaenasgellwr profiadol Alberto Malo, a bydd chwaraewyr sy'n chwarae i glybiau yn Ffrainc, fel y blaenasgellwr Jose Diaz a'r asgellwr Raphael Bastide, yn bwysig ar gyfer Cwpan y Byd.

Namibia

Hyfforddwr: Rudy Joubert
Ennill lle fel buddugwyr grŵp Affrica

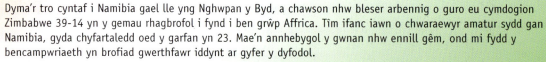

Dyma'r tro cyntaf i Namibia gael lle yng Nghwpan y Byd, a chawson nhw bleser arbennig o guro eu cymdogion Zimbabwe 39-14 yn y gemau rhagbrofol i fynd i ben grŵp Affrica. Tîm ifanc iawn o chwaraewyr amatur sydd gan Namibia, gyda chyfartaledd oed y garfan yn 23. Mae'n annhebygol y gwnan nhw ennill gêm, ond mi fydd y bencampwriaeth yn brofiad gwerthfawr iddynt ar gyfer y dyfodol.

Nid yw'r anghyfod rhwng chwaraewyr gwyn a'r chwaraewyr croenddu wedi cynorthwyo eu paratoadau – bu bron i'r tîm gael eu gwahardd o Gwpan y Byd oherwydd protest gan rai clybiau nad oedd digon o chwaraewyr croenddu yn y tîm rhyngwladol.

Gobaith Namibia yw y bydd yr hyfforddwr o Dde Affrica, Rudy Joubert, yn uno'r garfan erbyn Cwpan y Byd ar ôl cyfres o ganlyniadau gwael yn ddiweddar.

Japan

Hyfforddwr: Seiji Hirao
Ennill lle fel buddugwyr grŵp Asia
Rowndiau terfynol: 1987, 1991, 1995

Nid yw Japan wedi creu argraff yn y pencampwriaethau diwethaf, a byddan nhw am anghofio'r grasfa o 145-17 a gawson nhw yn erbyn Seland Newydd yn y Cwpan Byd diwethaf. Ond er 1997 mae'r garfan a'r undeb rygbi wedi eu diwygio, ac mae mwy o drefn o dan yr hyfforddwr Seiji Hirao (a chwaraeodd yn y grasfa honno yn erbyn y Crysau Duon). O dan yr hyfforddwr newydd mae amddiffyn Japan wedi cryfhau, ac mae ganddyn nhw ambell gefnwr dawnus fel Terunori Majuro, yr asgellwr Daisuke Ohata a'r ciciwr Keisi Hirose.

Ychwanegwyd sawl tramorwr i garfan Japan yn ddiweddar, yn cynnwys y capten Andrew McCormick, ac yn ddiweddar ychwanegwyd Graham Bachop a Jamie Joseph o Seland Newydd at y garfan hefyd. Felly er y bydd yn anodd iddynt fynd ymlaen o'r grŵp, ni fydd unrhyw dîm yn gallu sgorio 100 o bwyntiau yn eu herbyn eto. Cafodd Japan y pleser o guro Taiwan 134-6 yng ngemau rhagbrofol grŵp Asia, a gwnaethon nhw yn dda iawn yng nghystadleuaeth gwledydd y Môr Tawel cyn Cwpan y Byd, gan guro eu gwrthwynebwyr yng ngrŵp D, Gorllewin Samoa.

Ariannin

Hyfforddwr: Jose Luis Imhoff
Ennill lle fel buddugwyr grŵp yr Americas
Rowndiau Terfynol: 1987, 1991, 1995

Datblygodd yr Ariannin i gystadlu ar lefel uchaf rygbi rhyngwladol yn ystod y blynyddoedd diwethaf, a rhoeson nhw gêm galed i Gymru, Ffrainc a'r Eidal y tymor hwn. Ond wedi dweud hynny, mae nifer o broblemau yn eu hwynebu, ac maen nhw ychydig y tu ôl i wledydd Ewrop ar hyn o bryd.

Dim ond pum chwaraewr o'r tîm presennol sy'n chwarae rygbi proffesiynol – a'r pump yn chwarae yn Lloegr neu Ffrainc – ac mae diffyg adnoddau a pharatoi wedi bod yn broblem i'r Ariannin ym mhencampwriaethau'r gorffennol. Bu record yr Ariannin yn y tri Chwpan Byd diwethaf yn siomedig iawn, gan ennill un gêm yn unig yn 1987 yn erbyn yr Eidal, ond byddan nhw yn fwy o rym eleni, a gallen nhw fod y tîm cyntaf o dde America i fynd ymlaen i'r ail rownd.

Mae ganddyn nhw chwaraewyr digon dawnus i wneud argraff yng Nghwpan y Byd, a nhw yn ôl llawer sydd â'r pum blaen gorau yn y byd, gyda Fedrico Mendez a Mauricio Reggiardo yn gewri yn y rheng flaen. Chwaraewyr eraill i'w gwylio fydd Agustin Pichot, Arbizu, a'r clo ifanc, Alejandro Allub.

Gwnaeth yr Ariannin yn eithaf da yn erbyn Cymru oedd ar daith yno'n ddiweddar, er iddynt golli'r ddwy gêm brawf, a byddant am dalu'r pwyth yn ôl yng ngêm gyntaf Cwpan y Byd.

Uruguay

Hyfforddwr: Dr Daniel Herrera
Ennill lle trwy'r gemau ail gyfle

Mae Uruguay wedi datblygu i fod yn un o dimau cryfaf De America, ac er iddyn nhw ddod ar waelod grŵp rhagbrofol yr Americas ar gyfer Cwpan y Byd, maen nhw wedi rhoi sawl gêm glos i'r Pumas (Ariannin) ac wedi curo Chile a Paraguay. Mae nifer o olwyr ifanc addawol ganddyn nhw, ac er na fyddant yn debygol o greu llawer o argraff eleni yn eu Cwpan Byd cyntaf, maen nhw am roi profiad i'w chwaraewyr ifanc a'u paratoi ar gyfer rygbi cystadleuol yn y dyfodol.

Mae'r rygbi'n datblygu'n gyflym yn Uruguay, a gwelwyd perfformiadau da ganddynt nhw yn nghystadleuaeth saith bob ochr Hong Kong ym mis Mawrth, lle collon nhw yn rownd derfynol y Bowl yn erbyn Hong Kong. Un o chwaraewyr allweddol y tîm fydd y mewnwr a'r ciciwr profiadol Federico Sciarra.

UDA

Hyfforddwr: Jack Clarke
Ennill lle yn nhrydydd safle grŵp yr Americas
Rowndiau terfynol: 1987,1991

Mae diffyg diddordeb a sylw i'r gêm yn broblem yn America, ac er bod potensial aruthrol yno, maen nhw'n dal i fod tu ôl i Ganada ar hyn o bryd. Mae angen llawer o waith i gryfhau'r sgrym, er bod pump neu chwech o chwaraewyr dawnus yn y garfan, yn cynnwys yr wythwr Dan Lyle a'r clo Dave Hodges, sy'n chwarae ei rygbi clwb i Llanelli. Er mwyn gwella eu paratoadau maen nhw wedi dod â chyn-gefnwr Awstralia, Roger Gould i mewn fel hyfforddwr – mae ganddo brofiad helaeth o rygbi rhyngwladol, a gall gynorthwyo America i adael eu marc yng Nghwpan y Byd, a cheisio mynd ymlaen i'r ail rownd am y tro cyntaf erioed.

Chwaraeodd yr UDA yng Nghwpan Y Byd yn 1987 ac 1991, gan guro Japan yn y Cwpan Byd cyntaf a cholli gweddill eu gemau yn 1991 yn erbyn Lloegr, yr Eidal a Seland Newydd. Ond ar ôl gwell paratoadau eleni a pherfformiadau da yn ddiweddar gallent greu ambell i sioc yng ngrŵp E.

Canada

Hyfforddwr: Pat Parfrey
Ennill lle yn ail safle grŵp yr Americas
Rowndiau Terfynol: 1987, 1991, 1995

Canada yw tîm cryfa gogledd America, ac maen nhw wedi datblygu llawer ers y Cwpan Byd cyntaf yn 1987. Mae ganddyn nhw bac cryf iawn, a nifer o chwaraewyr creadigol, ond mae angen iddyn nhw ddatblygu sawl agwedd o'r gêm i gystadlu ar y lefel uchaf. Gwnaethon nhw'n dda iawn yn y cystadlaethau diwethaf, gan roi gêm glos i'r Crysau Duon yn y rownd gogynderfynol yn 1991. Nid yw eu canlyniadau er 1995 wedi bod cystal, ond maen nhw'n dîm all godi eu gêm ar gyfer achlysuron mawr fel Cwpan y Byd.

Mae tri o chwaraewyr y garfan bresennol yn chwarae yng Nghymru – Rod Snow yng Nghasnewydd, a Dan Baugh a John Tait yng Nghaerdydd. Bydd llawer o Gymry hefyd yn gyfarwydd â'r garfan ar ôl eu hymdrechion yn y Cwpan Her yn ddiweddar.

Yn y gemau rhagbrofol daethon nhw'n ail yng ngrŵp yr Americas y tu ôl i'r Ariannin, gan golli'n drwm i'r Pumas o 54-28, a byddan nhw'n siomedig eu bod wedi colli yn erbyn Japan yng nghystadleuaeth Gwledydd y Môr Tawel cyn Cwpan y Byd.

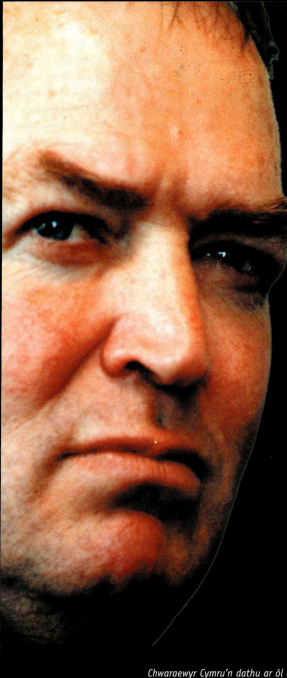

Graham Henry

Talodd Undeb Rygbi Cymru chwarter miliwn o bunnau i ddenu un o hyfforddwyr gorau'r byd o Seland Newydd i baratoi Cymru ar gyfer Cwpan y Byd. Cafodd Graham Henry lwyddiant mawr yn Seland Newydd cyn cael ei ddenu i Gymru, gan ennill y *Super 12* ddwywaith o'r bron tra'n hyfforddi'r Auckland Blues.

Collodd Cymru 96-13 yn erbyn De Affrica a 51-0 yn erbyn Ffrainc cyn i Graham Henry ddechrau ar ei swydd yn haf 1998. Ers hynny mae perfformiadau Cymru wedi gwella a chafwyd sawl buddugoliaeth wych yn erbyn Lloegr, Ffrainc a'r Ariannin o dan ei hyfforddiant. Mae chwarae Cymru nawr yn llawer mwy ymosodol a chyflym ac mae agwedd a ffitrwydd y chwaraewyr yn llawer gwell nag ydoedd flwyddyn yn ôl.

Pleidleisiwyd Graham Henry yn hyfforddwr gorau'r byd mewn arolwg ar y we yn ddiweddar, ac o weld y gwelliant ym mherfforimiadau'r tîm cenedlaethol does dim syndod fod pobl Cymru yn ei weld fel rhyw fath o waredwr sydd wedi dod i achub rygbi Cymru.

Dyma ganlyniadau Cymru o dan hyfforddiant Graham Henry:

Cymru 20 v De Affrica 28	14 Tachwedd 1998	Wembley
Cymru 43 v Ariannin 30	21 Tachwedd 1998	Parc y Strade
Cymru 20 v Alban 33	6 Chwefror 1999	Murrayfield
Cymru 23 v Iwerddon 29	20 Chwefror 1999	Wembley
Cymru 34 v Ffrainc 33	6 Mawrth 1999	Stade de France
Cymru 60 v yr Eidal 21	20 Mawrth 1999	Treviso
Cymru 32 v Lloegr 31	11 Ebrill 1999	Wembley
Cymru 36 v Ariannin 26	5 Mehefin 1999	Buenos Aires
Cymru 23 v Ariannin 16	12 Mehefin 1999	Buenos Aires

Chwaraewyr Cymru'n dathu ar ôl eu buddugoliaeth yn erbyn Ffrainc yn Stade de France eleni.

Stadiwm y Mileniwm

Canolbwynt Cwpan y Byd fydd Stadiwm y Mileniwm yng Nghaerdydd. Mae'r stadiwm newydd wedi ei adeiladu ar safle Parc yr Arfau, lle gwelwyd cymaint o gemau cofiadwy gan dimau Cymru yn y gorffennol. Bydd y stadiwm newydd yn un o'r rhai mwyaf moethus a modern yn y byd, a hon fydd y stadiwm mwyaf yn y byd i gael to sy'n agor a chau. Mi fydd yn dal 72,500 o gefnogwyr, ac yn cynnwys bwyty a bariau, gyda phlaza yn ei ymyl yn cynnig pob math o adnoddau ar gyfer siopa a hamdden.

Bydd gêm gyntaf Cwpan y Byd yn cael ei chynnal yn y stadiwm ar y 1af o Hydref 1999 rhwng Cymru a'r Ariannin (3.00), ar ôl y seremoni agoriadol. Bydd 7 o gemau Cwpan y Byd yn cael eu cynnal yn y stadiwm, yn cynnwys holl gemau Cymru, y rownd gogynderfynol, a'r rownd derfynol ei hun.

Ffeithiau am y stadiwm

- Cynhaliwyd gêm gyntaf y stadiwm rhwng Cymru a De Affrica ar y 26ain o Fehefin.

- Bydd y tocynnau gorau ar gyfer rownd derfynol Cwpan y Byd yn costio £150.

- Cyfanswm cost y stadiwm yw tua £121,000,000.

- Mae'r stadiwm yn cynnwys 40,000 tunnell o goncrit.

- Bydd yn cynnwys 72,500 o seddi a 125 o flychau croesawu (*hospitality*).

- Gall cynllun noddi *Debenture* 25 mlynedd gostio hyd at £5,000.

- Tyfwyd y borfa ar gyfer y maes yn RAF Sain Tathan, a bydd y borfa'n cael ei gosod ar baledau troelli.

- Hwn fydd yr unig stadiwm o'i fath ym Mhrydain.

- Mae un pen i'r stadiwm yn cynnwys rhan o eisteddle hen Barc yr Arfau.

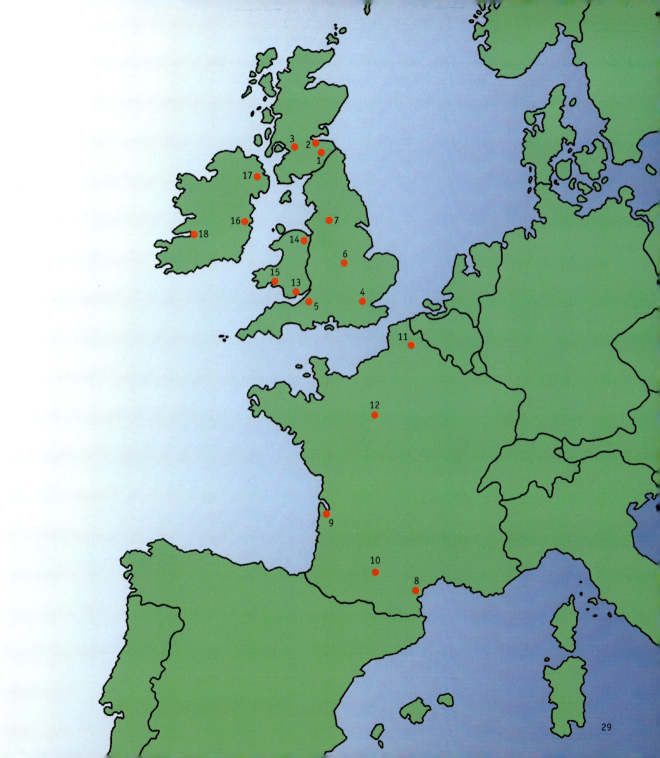

Grŵp A
Yr Alban

De Affrica
Yr Alban
Sbaen
Uruguay

Gêm			Amser	Lle
Sbaen	v	**Uruguay**	3.00, Dydd Sadwrn 2 Hydref	Netherdale, Galashiels
Yr Alban	v	**De Affrica**	5.00, Dydd Sul 3 Hydref	Murrayfield, Caeredin
Yr Alban	v	**Uruguay**	4.00, Dydd Gwener 8 Hydref	Murrayfield, Caeredin
De Affrica	v	**Sbaen**	5.00, Dydd Sul 10 Hydref	Murrayfield, Caeredin
De Affrica	v	**Uruguay**	5.00, Dydd Gwener 15 Hydref	Hampden Park, Glasgow
Yr Alban	v	**Sbaen**	3.00, Dydd Sadwrn 16 Hydref	Murrayfield, Caeredin

Buddugwyr _____ Ail Safle _____

Seland Newydd
Lloegr
Yr Eidal
Tonga

Grŵp B
Lloegr

Gêm	Amser	Lle
Lloegr v **Yr Eidal**	5.00, Dydd Sadwrn 2 Hydref	Twickenham, Llundain
Seland Newydd v **Tonga**	3.00, Dydd Sul 3 Hydref	Ashton Gate, Bryste
Lloegr v **Seland Newydd**	4.30, Dydd Sadwrn 9 Hydref	Twickenham, Llundain
Yr Eidal v **Tonga**	7.00, Dydd Sul 10 Hydref	Welford Road, Caerlŷr (Leicester)
Seland Newydd v **Yr Eidal**	1.00, Dydd Iau 14 Hydref	McAlpine Stadium, Huddersfield
Lloegr v **Tonga**	1.00, Dydd Gwener 15 Hydref	Twickenham, Llundain

Buddugwyr   Ail Safle

Grŵp C

Ffrainc

Ffrainc
Fiji
Canada
Namibia

Gêm			Amser	Lle
Fiji	v	**Namibia**	9.00, Dydd Gwener 1 Hydref	Stade Mediéranée, Béziers
Ffrainc	v	**Canada**	2.00, Dydd Sadwrn 2 Hydref	Stade Mediéranée, Béziers
Ffrainc	v	**Namibia**	9.00, Dydd Gwener 8 Hydref	Stade Lescure, Bordeaux
Fiji	v	**Canada**	1.30, Dydd Sadwrn 9 Hydref	Stade Lescure, Bordeaux
Canada	v	**Namibia**	8.30, Dydd Iau 14 Hydref	Stade Municipal, Toulouse
Ffrainc	v	**Fiji**	2.00, Dydd Sadwrn 16 Hydref	Stade Municipal, Toulouse

Buddugwyr   Ail Safle

Cymru
Ariannin
Gorllewin Samoa
Japan

Grŵp D
Cymru

Gêm	Amser	Lle
Cymru v **Ariannin**	3.00, Dydd Gwener 1 Hydref	Stadiwm y Mileniwm, Caerdydd
Gn Samoa v **Japan**	1.00, Dydd Sul 3 Hydref	Y Cae Ras, Wrecsam
Cymru v **Japan**	2.30, Dydd Sadwrn 9 Hydref	Stadiwm y Mileniwm, Caerdydd
Ariannin v **Gn Samoa**	1.00, Dydd Sul 10 Hydref	Parc y Strade, Llanelli
Cymru v **Gn Samoa**	3.00, Dydd Iau 14 Hydref	Stadiwm y Mileniwm, Caerdydd
Ariannin v **Japan**	7.00, Dydd Sadwrn 16 Hydref	Stadiwm y Mileniwm, Caerdydd

Buddugwyr   Ail Safle

Grŵp E

Iwerddon

Awstralia
Iwerddon
UDA
Romania

Gêm			Amser	Lle
Iwerddon	v	**UDA**	7.00, Dydd Sadwrn 2 Hydref	Lansdowne Road, Dulyn
Awstralia	v	**Romania**	7.00, Dydd Sul 3 Hydref	Ravenhill Park, Belfast
UDA	v	**Romania**	7.00, Dydd Sadwrn 9 Hydref	Lansdowne Road, Dulyn
Iwerddon	v	**Awstralia**	3.00, Dydd Sul 10 Hydref	Lansdowne Road, Dulyn
Awstralia	v	**UDA**	5.00, Dydd Iau 14 Hydref	Thomond Park, Limerick
Iwerddon	v	**Romania**	7.00, Dydd Gwener 15 Hydref	Lansdowne Road, Dulyn

Buddugwyr   Ail Safle

Ail Chwarae i'r Rownd Ogynderfynol

Gêm			Amser	Lle
H	Ail Safle Grŵp B	v	Ail Safle Grŵp C	1.00, Dydd Mercher 20 Hydref	Twickenham, Llundain
G	Ail Safle Grŵp A	v	Ail Safle Grŵp D	3.30, Dydd Mercher 20 Hydref	Murrayfield, Caeredin
F	Ail Safle Grŵp E	v	3ydd safle gorau	8.30, Dydd Mercher 20 Hydref	Stade Felix Bollaert, Lens

Y Rownd Ogynderfynol

	Gêm			Amser	Lle
M	Buddugwyr Grŵp D	v	Buddugwyr Grŵp E	3.00, Dydd Sadwrn 23 Hydref	Stadiwm y Mileniwm, Caerdydd
J	Buddugwyr Grŵp A	v	Buddugwyr Gêm H	2.00, Dydd Sul 24 Hydref	Stade de France, Paris
L	Buddugwyr Grŵp C	v	Buddugwyr Gêm F	3.30, Dydd Sul 24 Hydref	Lansdowne Road, Dulyn
K	Buddugwyr Grŵp B	v	Buddugwyr Gêm G	6.00, Dydd Sul 24 Hydref	Murrayfield, Caeredin

Rownd Gynderfynol

Gêm	Amser	Lle
Buddugwyr Gêm J v Buddugwyr Gêm M	3.00, Dydd Sadwrn 30 Hydref	Twickenham, Llundain
Buddugwyr Gêm K v Buddugwyr Gêm L	3.00, Dydd Sul 31 Hydref	Twickenham, Llundain

Y Gêm am y Trydydd Safle

	Amser	Lle
v	8.00, Dydd Iau 4 Tachwedd	Stadiwm y Mileniwm, Caerdydd

Y Rownd Derfynol

	Amser	Lle
v	3.00, Dydd Sadwrn 6 Tachwedd	Stadiwm y Mileniwm, Caerdydd

Buddugwyr Cwpan Rygbi'r Byd, Cymru 1999

Sêr Cwpan y Byd

Jonah Lomu, Seland Newydd
Safle: Asgellwr
Oed: 24
Taldra: 1.95m
Pwysau: 248 pwys
Ganwyd: 12 Mai 1975, Auckland
Gêm gyntaf: 26 Mehefin 1994
Capiau: 27
Pwyntiau: 80

Yn y cwpan byd diwethaf llamodd Jonah Lomu i benawdau'r newyddion fel seren newydd y byd rygbi. Gyda'i nerth a'i gyflymder eithriadol llwyddodd i chwalu sawl amddiffyn. Ond ers hynny mae'r cawr wedi dioddef o anhwylder i'w arennau a oedd bron â'i rwystro rhag chwarae byth eto. Llwyddodd i oresgyn ei broblem iechyd, serch hynny, ac yn y flwyddyn ddiwethaf mae wedi dechrau dod nôl i chwarae rygbi da unwaith eto. Yn ôl llawer mae'n chwaraewr mwy cyflawn nawr nag ydoedd yn 1995, ac mae wedi gwella ei amddiffyn, ond bydd yn dipyn o dasg iddo chwarae cystal ag y gwnaeth yn Ne Affrica.

Jonny Wilkinson, Lloegr
Safle: Canolwr
Oed: 20
Taldra: 1.77m
Pwysau: 177 pwys
Ganwyd: 25 Mai 1979, Frimley
Gêm gyntaf: 4 Ebrill 1998
Capiau: 7
Pwyntiau: 60

Jonny Wilkinson yw seren ifancaf a mwyaf disglair tîm Lloegr, neu Michael Owen y byd rygbi yn ôl llawer.

Maswr yw safle naturiol Wilkinson, ond mae wedi bod yn gyfforddus iawn yn safle'r canolwr yn ystod pencampwriaeth y Pum Gwlad. Mae'n aeddfed iawn am ei oed ac mae'n giciwr penigamp a hynod o gyson i Loegr. Sgoriodd 7 cic o 7 i Loegr yn erbyn Ffrainc eleni, ac o gynnal y cysondeb yma yn ystod Cwpan y Byd, fydd dim un tîm am ildio ciciau cosb yn eu herbyn. Mae hefyd yn daclwr caled ac yn abl gyda'r bêl yn ei ddwylo. Un o obeithion mawr Lloegr ar gyfer y dyfodol.

Thomas Castaignède, Ffrainc
Safle: Maswr
Oed: 24
Taldra: 1.75m
Pwysau: 173 pwys
Ganwyd: 21 Ionawr 1975, Mont-de-Marsan
Gêm gyntaf: 17 Hydref 1995
Capiau: 26
Pwyntiau: 186

Thomas Castaignède yn bendant yw maswr mwyaf creadigol a dawnus y byd ar hyn o bryd, ac mae ganddo'r un athrylith ag oedd gan Barry John i drafod a rhedeg gyda'r bêl. Profodd yn erbyn Cymru dros flwyddyn yn ôl fod ganddo'r gallu i reoli gêm a chwalu amddiffynfeydd ar ei ben ei hun, ac er na chafodd gystal pencampwriaeth eleni, mi fydd ei chwarae creadigol a'i gicio cywir yn ganolog i lwyddiant Ffrainc yng Nghwpan y Byd.

John Eales, Awstralia
Safle: Clo
Oed: 28
Taldra: 2m
Pwysau: 252 pwys
Ganwyd: 27 Mehefin 1970, Brisbane
Gêm gyntaf: 22 Gorffennaf 1991
Capiau: 64
Pwyntiau: 165

John Eales yw'r clo modern delfrydol ac un o'r perfformwyr gorau ar lefel ryngwladol. Mae'n chwaraewr athletaidd sy'n ennill y leiniau'n gyson, ond sydd hefyd yn gallu trafod y bêl o gwmpas y cae yn ddeheuig. Bydd ei bresenoldeb yn ogystal a'i sgiliau niferus (ef hefyd yw trosiwr y tîm) yn allweddol i obeithion Awstralia. Mae wedi dioddef gydag anafiadau niferus yn ystod ei yrfa, yn ogystal ag anaf i'w ysgwydd ar ddechrau'r flwyddyn, ond mae'n gobeithio bod yn ffit ar gyfer Cwpan y Byd.

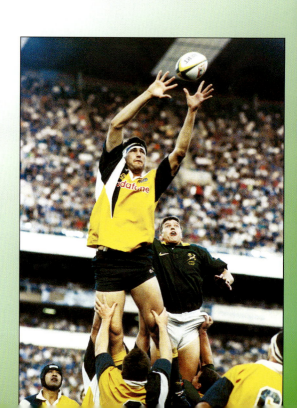

Gregor Townsend, Yr Alban

Safle: Maswr
Oed: 26
Taldra: 1.85 metr
Pwysau: 189 pwys
Ganwyd: 26 Ebril 1973, Caeredin
Gêm gyntaf: 6 Mawrth 1993
Capiau: 41
Pwyntiau: 59

Fel maswr mae Gregor Townsend yn chwarae rygbi gorau ei yrfa ar hyn o bryd, ond mae wedi chwarae fel cefnwr a chanolwr i'w wlad (yn cynnwys 15 cap fel canolwr) yn y blynyddoedd diwethaf. Bu'n ysbrydoliaeth i'w dîm ym mhencampwriaeth y Pum Gwlad eleni, gan sgorio cais ym mhob gêm. Yr unig wendid yn ei chwarae yw ei gicio, ond bydd ei redeg twyllodrus mewn partneriaeth gyda John Leslie yn y canol yn bwysig iawn i'r Alban.

Mae wedi gwella fel chwaraewr ers symud i Brive, ac mae'r datblygiad ar lefel clwb wedi bod yn werthfawr i'w chwarae ar y llwyfan rhyngwladol. Bydd yn arbennig o frwd i greu argraff yn y Cwpan Byd hwn gan iddo golli pencampwriaeth 1995 oherwydd anaf.

Pat Lam, Gorllewin Samoa

Safle: Wythwr
Oed: 30
Taldra: 1.89 metr
Pwysau: 217 Pwys
Ganwyd: 29 Medi 1968, Auckland
Gêm gyntaf: 1991
Capiau: 54

Dyma chwaraewr sy'n allweddol i Orllewin Samoa – yn gawr yn rheng ôl y tîm. Pat Lam yw un o chwaraewyr mwyaf profiadol y Samoaid, ac fel capten ei dîm yn ystod Cwpan y Byd 1991 a 1995, bydd yn gwybod beth i'w ddisgwyl yng Nghwpan y Byd eleni. Chwaraeodd ei gêm gyntaf ym muddugoliaeth y Samoaid yn erbyn Cymru yn 1991 – un o fuddugoliaethau pwysica'r tîm erioed.

Bydd Graham Henry yn gwybod cystal â neb faint o fygythiad fydd Lam, gan iddo ei hyfforddi pan oedd yn chwarae i Auckland rai blynyddoedd yn ôl. Mae'n chwarae rygbi gwych ar hyn o bryd gyda Northampton, ac ef oedd chwaraewr y flwyddyn yng nghynghrair yr Allied Dunbar y llynedd pan oedd yn chwarae i Newcastle.

39

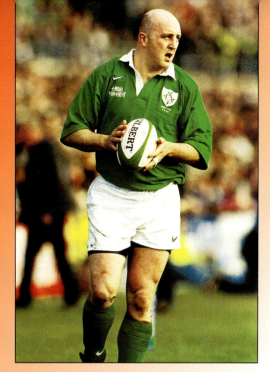

Keith Wood, Iwerddon
Safle: Bachwr
Oed: 27
Taldra: 1.82m
Pwysau: 220 pwys
Ganwyd: 27 Ionawr 1972, Limerick
Gêm gyntaf: 5 Mehefin 1994
Capiau: 25
Pwyntiau: 20

Blaenwr tanllyd sydd wedi bod yng nghanol popeth ym mhac Iwerddon dros y blynyddoedd diwethaf. Mae'n rhedwr cryf a thaclwr caled heb ofni gwneud y gwaith caib a rhaw yn y sgarmesi. Mewn gêm yn erbyn Japan yn y Cwpan Byd diwethaf cafodd anaf a'i cadwodd allan o'r gêm am gyfnod hir, ond ym mis Tachwedd 1996 daeth yn gapten ar ei wlad am y tro cyntaf, ac ers hynny bu hefyd yn ganolog yn nhaith Y Llewod i Dde Affrica yn 1997. Er nad yw'n gapten bellach, mae'n dal i chwarae rygbi gwych ym mhac cryf y Gwyddelod.

Joost Van Der Westhuizen, De Affrica
Safle: Mewnwr
Oed: 28
Taldra: 1.84m
Pwysau: 196 pwys
Ganwyd: 26 Chwefror 1971, Pretoria
Gêm gyntaf: Tachwedd 1993
Capiau: 50
Pwyntiau: 125

Heb os dyma un o fewnwyr gorau'r byd sydd â chyflymder eithriadol a'r reddf holl bwysig i sgorio ceisiau. Mae'n sicr o gael llwyfan da oddi wrth ei flaenwyr, a fydd eto yn rhoi cyfle iddo ddangos ei allu fel rhedwr a mewnwr tactegol da. Profodd fod ganddo allu eithriadol yn erbyn Cymru ym Mharc yr Arfau yn 1996 pan sgoriodd hatric o geisiau gwych, ac eto pan greodd gais olaf De Affrica yn eu buddugoliaeth yn Wembley ym mis Tachwedd y llynedd. Mae wedi dioddef o anafiadau'n ddiweddar, ond gallai ddod nôl yn gryf ar gyfer Cwpan y Byd.

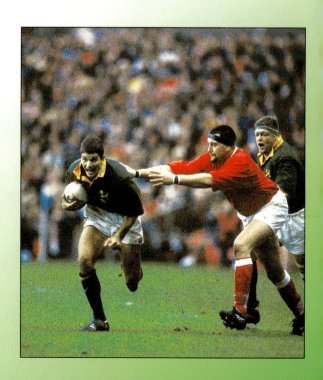

Agustin Pichot, Ariannin

Safle: Mewnwr
Oed: 24
Taldra: 1.75m
Pwysau: 173 pwys
Ganwyd: 22 Awst 1974, Buenos Aires
Gêm gyntaf: Ebrill 1995
Capiau: 18
Pwyntiau: 30

Yn ôl ei hyfforddwr yn Richmond, John Kingston, dyma un o'r tri mewnwr gorau yn y byd. Mae'n rhedwr chwim ac yn anodd iawn i'w daclo, a thu ôl i bac cryf yr Ariannin bydd yn fygythiad parhaus i'w wrthwynebwyr. Ef oedd chwaraewr y flwyddyn yn yr Ariannin yn 1995 a 1996, ac ers hynny mae wedi cael cyfnod da yn chwarae rygbi proffesiynol gyda Richmond.

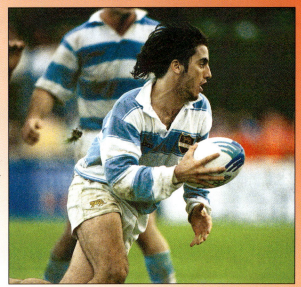

Sêr Cymru

Neil Jenkins

Safle: Maswr
Oed: 27
Taldra: 1.77m
Pwysau: 185 pwys
Ganwyd: 8 Gorffennaf 1971, Pontypridd
Gêm gyntaf: 19 Ionawr 1991
Capiau: 65
Pwyntiau: 744

Er yn ddim ond 27 oed Neil Jenkins yw un o chwaraewyr mwyaf profiadol Cymru a chiciwr gorau'r byd ar hyn o bryd. Fe yw'r ail sgoriwr uchaf yn hanes y gêm mewn rygbi rhyngwladol gyda dros 800 o bwyntiau (yn cynnwys ei bwyntiau i'r Llewod), ac un o'r cicwyr mwyaf cyson welodd y gêm erioed.

Er iddo gael cyfnod fel cefnwr i Gymru dros flwyddyn yn ôl, bellach mae wedi hawlio safle'r maswr ac wedi datblygu gêm ymosodol o dan hyfforddiant Graham Henry. Bu'n sbardun ac yn gonglfaen i berfformiadau Cymru ym mhencampwriaeth y Pum Gwlad eleni, a phwy all anghofio ei berfformiad gwych yn erbyn Lloegr yng ngêm ola'r bencampwriaeth.

Robert Howley

Safle: Mewnwr
Oed: 28
Taldra: 1.77m
Pwysau: 185 pwys
Ganwyd: 13 Hydref 1970, Pen-y-bont ar Ogwr
Gêm gyntaf: 3 Chwefror 1996
Capiau: 32
Pwyntiau: 30

Capten Cymru ac un o chwaraewyr gorau Cymru dros y blynyddoedd diwethaf. Ar ôl cael ei anafu ar daith gyda'r Llewod yn 1997, bydd Cwpan y Byd yn llwyfan iddo brofi ei fod ymysg mewnwyr gorau'r byd. Dewiswyd ef yn chwaraewr y flwyddyn yng Nghymru yn 1996 ac 1997, ac mae ei gryfder a'i gyflymder yn sicr o beri problemau i'w wrthwynebwr yng Nghwpan y Byd. Bu'n chwaraewr saith bob ochr hynod effeithiol, ac mae wrth ei fodd yn chwarae gêm gyflym agored, gan roi llwyfan perffaith i olwyr dawnus Cymru.

Scott Gibbs

Safle: Canolwr
Oed: 28
Taldra: 1.75m
Pwysau: 217 pwys
Ganwyd: 23 Ionawr 1971, Pen-y-bont ar Ogwr
Gêm gyntaf: 19 Ionawr 1991
Capiau: 39
Pwyntiau: 30

Canolwr caled a phrofiadol i Gymru ac Abertawe. Bu'n ddylanwad mawr ar y garfan ers dyfodiad Graham Henry, ac mae ei rediadau nerthol a'i daclo caled yng nghanol y cae yn chwedlonol. Ef oedd chwaraewr y gyfres i'r Llewod yn Ne Affrica yn 1997 ar ôl dychwelyd o chwarae Rygbi Cynghrair, ac mae ymysg y chwaraewyr mwyaf uchel eu parch ar y llwyfan rhyngwladol. Sgoriodd gais gwych a phwysig i Gymru yn erbyn Lloegr yn ddiweddar, a bydd ei rediadau nerthol yn ganolog i ymosodiadau Cymru yng Nghwpan y Byd.

Scott Quinnell
Safle: Wythwr
Oed: 26
Taldra: 1.93m
Pwysau: 257 pwys
Ganwyd: 20 Awst 1972, Llanelli
Gêm gyntaf: 10 Tachwedd 1993
Capiau: 26
Pwyntiau: 25

Yn fab i'r blaenwr disglair Dereck Quinnell, ac yn frawd i Craig, mae Scott yn wythwr corfforol a chryf iawn, sy'n brofiadol a chanolog i gryfder y rheng ôl. Ers dychwelyd o Rygbi Cynghrair, mae wedi chwarae'n gyson i Gymru, ac erbyn hyn mae wedi ymuno â chlwb ei dref enedigol, Llanelli. Mae wrth ei fodd yn herio'i wrthwynebwyr gyda'r bêl yn ei ddwylo, ac ynghyd â'i frawd Craig, ef fydd un o'r blaenwyr mwyaf grymus yn nhîm Cymru.

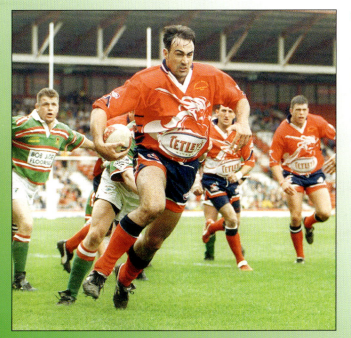

Chris Wyatt
Safle: Clo
Oed: 25
Taldra: 1.95m
Pwysau: 236 pwys
Ganwyd: 10 Mehefin 1973, Casnewydd
Gêm gyntaf: 8 Mehefin 1998
Capiau: 10
Pwyntiau: 5

Un o chwaraewyr gorau Cymru dros y flwyddyn ddiwethaf, sydd wedi datblygu o dan hyfforddiant Graham Henry. Roedd yn arfer chwarae yn y rheng ôl i'w glwb, ond symudodd i chwarae fel clo yn ddiweddar gan ennill meddiant yn gyson o'r leiniau i Gymru. Mae'n chwaraewr deinamig, ac fel pob clo modern mae hefyd yn gallu trafod y bêl yn dda.

Barn y Sylwebwyr

Clive Rowlands, cyn-gapten a chyn-hyfforddwr Cymru a'r Llewod

Bydd Cwpan y Byd eleni yn wahanol i'r rhai blaenorol oherwydd bod chwaraewyr hemisffer y de yn chwarae i wledydd dros y byd i gyd – yn cynnwys Cymru, Iwerddon a'r Alban – profwyd hyn ym mhencampwriaeth y Pum Gwlad. Mi fydd hefyd yn gyffrous iawn achos bod nifer o dimau wedi gwella i wneud y gystadleuaeth yn fwy cyfartal.

Gobeithion Cymru: Gallai Cymru wneud yn arbennig o dda yn y gystadleuaeth, o gael yr wyth blaen i weithio fel tîm ac o osgoi anafiadau cyn mis Hydref. Bydd Gorllewin Samoa yn broblem yn y rownd ragbrofol, ond bydd Cymru'n siŵr o ennill eu gemau yn Stadiwm y Mileniwm.

Timau i greu sioc: Bydd Gorllewin Samoa a Fiji yn siŵr o greu sioc yng Nghwpan y Byd gyda chwaraewyr corfforol a chryf ym mhob safle, a gall timau fel Japan fod yn gryfach nag erioed gyda dylanwad chwaraewyr o Seland Newydd yn gwneud gwahaniaeth yno.

Chwaraewyr: Bydd haneri Cymru, Awstralia a De Affrica yn siŵr o greu argraff. Bydd Townsend a Leslie yn amlwg i'r Alban, Keith Wood i Iwerddon, Guscot i Loegr, a'r brodyr Lievermont a Castaignède i Ffrainc. Blaenwr gorau'r byd yw John Eales pan mae'n ffit, a dwi hefyd yn credu y bydd Wilson, Lomu a Cullen yn disgleirio i Seland Newydd.

Ffefrynnau: Unwaith eto mi fydd Cwpan y Byd i'w benderfynu rhwng Awstralia, Seland Newydd a De Affrica, a'r ddau dim cryfa o Ewrop fydd Cymru a Lloegr. O ran ffefrynnau, os bydd John Eales yn holliach, Awstralia sy'n mynd i ennill yn fy marn i.

Bydd pethau'n fwy clos nag arfer rhwng timau hemisffer y De ac Ewrop, a gallai unrhyw dîm guro unrhywun ar ôl y rownd gyntaf.

Ieuan Evans, cyn-gapten Cymru

Dwi'n edrych ymlaen yn fawr am Cwpan y Byd – mae Cymru'n lwcus i gael cynnal un o'r cystadlaethau mwyaf yn y byd ac mi ddylsai fod yn arbennig o gyffrous. Mae'r gystadleuaeth wedi datblygu er 1995 ac mi fydd yn hwb i'r byd rygbi ac i Gymru.

Gobeithion Cymru: Dwi sicr yn credu y bydd Cymru yn mynd trwodd o'r grŵp, a gallen nhw greu sioc a chyrraedd y rownd gynderfynol – yn dibynnu pwy fyddan nhw'n cwrdd yn rownd yr wyth ola.

Timau i greu sioc: Cymru a Gorllewin Samoa. Mae Cymru wedi profi ym mhencampwriaeth y Pum Gwlad y gallan nhw gystadlu gydag unrhywun a chwarae rygbi da.

Chwaraewyr: I Gymru dwi'n credu bydd Scott Quinnell yn chwaraewr amlwg iawn. Chwaraewyr eraill i'w gwylio fydd John Leslie, Thomas Castaignède, Jeff Wilson, Joe Roff, Bobby Skinstad a John Eales.

Y bwlch rhwng Ewrop a hemisffer y de: Gwledydd hemisffer y de sydd wedi ennill pob cystadleuaeth hyd yn hyn, a byddan nhw bob amser yn anodd iawn eu curo, ond mae'r bwlch yn sicr wedi cau, a bydd pethau'n fwy agos eleni. Dwi'n gweld Lloegr yn gwneud yn dda yn erbyn timau'r de – ma gyda nhw bac cryf, ond bydd rhaid iddyn nhw chwarae mwy o rygbi agored i guro'r tri thîm gorau yn y byd.

Ffefrynnau: Os bydd chwaraewyr Awstralia'n gwella o'u hanafiadau gallen nhw fod yn gryf iawn. Ond fel arall dwi'n credu mai Seland Newydd fydd yn ennill.

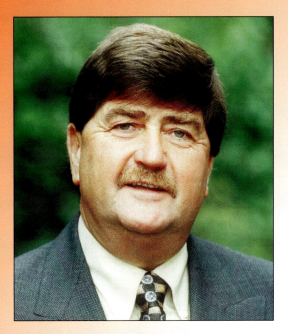

Huw Llywelyn Davies, Sylwebydd Rygbi

Gobeithion Cymru: Hyd yn hyn, mae pob gwlad sydd wedi cynnal Cwpan y Byd wedi cyrraedd y Rownd Derfynol, ac er y gwelliant diweddar, mae'n ormod i obeithio y gall Cymru wneud cystal. Os bydd Cymru'n ennill y grŵp, a fydd hynny ddim yn hawdd, byddant yn cwrdd ag Awstralia mwy na thebyg yn rownd yr wyth olaf, ac o ddod yn ail yn y grŵp bydd rhaid wynebu'r Alban cyn chwarae Seland Newydd o bosib yn yr wyth ola. Yr wyth ola fydd y nod felly, a bydd hi'n anodd dros ben ar ôl hynny.

Timau i greu sioc: Gorllewin Samoa yw'r un tîm allai ddychryn y cewri. Mae'n nhw'n ddigon caled a chorfforol i roi sioc i unrhywun. Bydd Canada hefyd yn gryf, yn arbennig ar ôl i'w tîm saith bob ochr ddisgleirio'n ddiweddar. Ar ôl gorffen ar waelod pencampwriaeth y Pum Gwlad does neb yn rhoi gobaith i Ffrainc, ond gyda chwaraewyr allweddol yn dod nôl, fe allen nhw lwyddo eto. Mae ganddynt grŵp cymharol hawdd a byddant yn debygol o osgoi y prif wledydd yn rownd yr wyth ola.

Chwaraewyr: Mae criw mawr o gefnwyr all ddisgleirio gyda'u dawn ymosod, yn cynnwys Christian Cullen, Matt Burke, Percy Montgomery, Ntamack, Metcalf a Shane Howarth. Olwyr disglair eraill fydd Van Der Westhuizen, Jeff Wilson, George Greeghan, Castaignède, Gibbs a Bateman. Bydd blaenwyr fel Garry Teichman, John Eales, Keith Wood a Chris Wyatt hefyd yn amlwg iawn.

Bwlch timau Ewrop a hemisffer y De: Er bod pethau'n closio, y tair gwlad sydd eisoes wedi ennill y cwpan fydd yn rheoli eto eleni yn fy marn i. Mae Lloegr yn gryf, ond dwi ddim yn eu gweld yn curo De Affrica, os byddan nhw'n cwrdd yn yr wyth ola.

Ffefrynnau: Er y gall rhywun freuddwydio am Gymru, byddwn i'n dweud taw Seland Newydd a De Affrica fydd unwaith eto yn y Rownd Derfynol ar Dachwedd y chweched, a'r Crysau Duon yn talu'r pwyth yn ôl am bedair blynedd yn ôl a chipio'r cwpan am yr ail dro.

Hefyd o'r Lolfa...

Y gyfrol hon a gweddill y gyfres *Dewch i Chwarae* – £3.45

Mynnwch gopi o'n Catalog rhad, neu hwyliwch i mewn i'n safle ar y We Fyd-eang!

TALYBONT CEREDIGION CYMRU SY24 5AP
e-bost ylolfa@ylolfa.com
y we http://www.ylolfa.com
ffôn (01970) 832 304
ffacs 832 782
isdn 832 813